JN049893

E判定から勝つ 医学部受験

E判定から勝つ

医学部専門予備校
エースメディカルみなとみらい・代表取締役

峰岸 敏之

MINEGISHI
TOSHIYUKI

幻冬舎MC

Ｅ判定から勝つ
医学部受験

はじめに

　2012年11月21日に法人登記をして定員制・少人数の医学部専門予備校・エースメディカルみなとみらい株式会社は横浜市中区に誕生しました。以来、11年にわたり、医師になりたいという思いを持つ生徒さんとご家族のお手伝いをさせていただき、10年連続で、国公立医学部の合格と特待生合格を送り出してきました（合格の延べ人数は600名を超えています。2023年4月現在）。

　昨今、医学部の人気は高まる一方でその難易度も上がり「地方の国公立医学部でさえ東大の偏差値に並んだ、いやそれ以上だ」との声も聞かれます。

　その半面、医学部入試の内部実情は伝わりにくく「医学部入試」という言葉自体が独り歩きをして、いっそう手の届きにくいところに向かっている気さえします。

　当校には「医学部に進みたいがどのような勉強をしたらよいのか」や「医学部受験の仕組みがよくわからない」といったことから「受験や学費はいくらかかるのか」「裏口入学はあるのか」といった、実にさまざまな質問が寄せられています。

　一般的には、例えば「今はMARCHの実力だから、もう少し頑張って早慶を目指したい」といった、偏差値順で大学受験を決めていく方式で受験界は進んでいますから「一体、医学部はどこに属するのだろう？」と思われるのは当然かもしれません。

　大手新聞記者を退職し25年以上前に塾の講師を始めたときには私も「医学部入試は雲の上の世界」と思っていました。しかし、今では医学部合格に必要な英語や小論文の指導、願書添削、面接練習、入試分析、入試スケジュール組みといったことをすべて一人でできるようになりました。この業界で、最前線で生徒一人ひとりに全面的に向かい合って、あらゆることを実績と責任を持っ

て提供できる数少ない役割を担っている人物のひとりであるという自負があります。

　第一線で指導してきた経験から言えることは医学部受験は、特に私立大学においては「特殊」であり「ノウハウがある」ということ、そして「一人ひとりに適切な指導をする」ことが大切であると確信しています。

　この本では、この特殊さを丁寧に解説し、実例を挙げながら合格への最短ルートを公開していきます。さらに、一般入試の仕組みはもとより、推薦入試、総合型入試（AO入試）、地域枠、再受験などに焦点を当てて、こうした特殊性をうまく利用して1日も早く医学部に合格するため、受験生とそのご家族にノウハウをお伝えしようと思います。

　その際に一番大切なものは何かと考えました。それは現実の姿ではないでしょうか？　実際にどれだけの成績の生徒が、どのような勉強をして、どこに受かったのかということです。こうしたことを赤裸々にリアルに記している書物は店頭に並んでいません。また、後述しますが「合格体験記」は参考にする点があると思いますが、過信は危険です。当塾でも「合格体験記」を発行していますが、その際に気をつけることは偏らないことです。いずれにしても、「参考書Aをやった」と書いてあるので、これをうのみにしてやっても合格者と同様の結果が出る保証はありません。ですから、この本では合格者の勉強方法を模試の成績とともに徹底的に公開してリアルを伝えています。面接試験でのやり取りも当校の生徒が経験したリアルなテストです。

　ですから、この本を手に取った受験生の方や保護者の方や学校関係者、塾講師、アドバイザーに向けて有用な情報をお伝えしています。特に後述の「ドキュメント『医学部合格までの1年』」では実際の受験生の勉強の仕方と受験指導上のノウハウやポイントについて、これまでの医学部受験のどんな書物よりも詳しくドキュメント的に公開しています。どうぞ医学部受験に役立ててくださ

い。こうした先輩たちの戦いから多くのものを吸収して入試に向かい、一人でも多くの方が合格することを願います。

受験期前の勉強編（主に現役生）

受験期の勉強編（高卒生・高3生）

医学部の2次試験（面接）とその対策方法編

ドキュメント　医学部合格までの1年

資料編

序　章

2018年7月文部科学省の局長が子息を東京医科大学に裏口入学させ逮捕された事件をきっかけに、厚生労働省は医学部の不正入試に関して各大学へ内部調査を要請しました。その報告を受け、文部科学省は調査結果の最終報告書で、不正を認めた9校（東京医科大、昭和大、岩手医科大、日本大、神戸大、順天堂大、金沢医科大、福岡大、北里大）を「不適切」と認定し、聖マリアンナ医科大学には「不適切な可能性が高い」としました。

　簡単に言うと、「女子受験生と多浪生には不当なバイアスをかけて合格しにくくしていた」と言ってよいでしょう。

　この一連の報道を見ていて約35年前の事件を思い出していました。その事件とは、「戦後最大級の企業犯罪」とも言われるリクルート事件の発端の事件でした。

　1988年6月18日の朝日新聞は朝刊社会面トップで、川崎市助役が、リクルートの関連会社から得た未公開株の売却益で1億円を得ていたという事件をスクープしました。これを足がかりに首相をはじめ主要大臣、自民党役員を含む政治家約90人が同様に売却益を得ていたという事態が発覚し、最終的には時の竹下登首相の退陣にまで発展しました。

　このとき、私は産経新聞の川崎支局の2年生記者でした。この記事が出る数時間前、当時の県警キャップから「朝日に抜かれる（スクープされる）かもしれないから夕刊で追いかける。後追い取材の準備を始めろ」と連絡がありました。そこで「こんなこと誰でも知っていて、事件にならないからボツったんじゃないですか？　そんなの暗黙の了解ではないですか？　なぜ朝日が今さらやるんですか？」と聞きました。当時、横浜記者クラブの新聞各社とNHKは、神奈川県警が汚職事件としてリクルートの子会社であるリクルートコスモスと当時のK川崎市助役を捜査していたことはすでにつかんでいて取材をしていました。そして、公判が

維持できる証拠が得られず、立件できないから流れてしまったらしい、ということまで知っていました。神奈川県警が捜査を断念したのですから逮捕者が出るわけもなく、朝日新聞が今さらスクープ（？）として書くこと自体にニュースとしての価値があるのかという違和感を覚えたのです。

キャップからは「暗黙の了解なんてねーんだよ、バカ。俺たちが知っていて、当たり前のことでも、世間の評価は違うかもしれないだろ。世間が知らなきゃ特ダネだろ」と言われました。いつの間にか「事件にならないなら、書く意味がない。他社がやらないなら自分もやらない」といった横並びの環境にあぐらをかき、「道義的責任」や「世間の評価への情報提供」といったジャーナリズム精神を忘れていました。あるカプセルのなかで完結している世界で仕事をしていて、どこか感覚がマヒしていたのかもしれません。悔しかったけれど、当時の朝日新聞のスクープ記事は素晴らしいものだったと思います。

話を戻します。医学部入試における女子受験生と多浪生へのバイアスは当時、医学部予備校で進路指導をしている者なら肌で感じていたものでした。受験指導の現場では「A大学はやはり現役の男子は受かりやすいね」や「3浪の女子か。B大学を受けるなら、よっぽど1次試験で点を取らないとね」という会話が日常の会話でなされていました。

しかし、この状況はやはりおかしかったのです。医学部の受験指導の界隈で当たり前としていた事項でも、一般受験生にとっては「聞いたこともない」ことであったり、医学部進学者の少ない高校の受験指導の教員にとっては「ありえない。信じられない」という印象を持つのは当然です。世間一般からも「医学部受験の闇」といった評価を下されました。やはり医学部受験界という一種のカプセルのなかで私をはじめ受験界全体の感覚がマヒしていたのです。

あえて少し弁解をすると、私は「とにかくうちの生徒を合格さ

せたい」という気持ちしかありませんでした。現実がこうした状況なので、そこに焦点を当てて問題提起をして改善を図る、のではなく、こうしたバイアスを暗黙の了解事項、仕方のないこと（＝当たり前のこと）として受け取り、**その上を行く合格の対策を練ろう**、と考えていました。つまり、「A大学には現役生を積極的に受験させ、多浪生は受けさせない」とか3浪以上の女子には「B大よりC大をお勧めします」といった指導をしていました。

　先述の不正入試が公になると、世間から厳しい目が向けられ、裁判も起こされたりしました。大学側も、「不適切」であったことを認め、追加合格者を発表し（順天堂大学48名、東京医科大学44名、日本大学、北里大学は各10名など計145名）、2019年度の入学を認めるなどの対処をしました。文科省は「医学部医学科における不適切な事案の改善状況等に関する調査結果（2019年6月25日）」のなかで、先の9大学に「改善」が見られたとの結果を出しています。

　では、不適切入試は完全になくなったのでしょうか？

　私はまだグレーの部分を感じています。特に文科省が「医学部医学科の入学者選抜における公正確保等に係る緊急調査最終まとめ」（2018年12月14日）のなかで「不適切な事案と疑惑を招きかねない事案」として挙げ、懸念していた項目です。正確に引用すると「補欠合格者からの繰上合格が例年多数になるにもかかわらず、教授会や入試委員会等で正式に合否判定がなされるのは正規合格者についてのみであり、補欠合格者の決定や繰上合格の手続きが学長、学部長、入試委員長又は入試課長などの一部の教職員に一任されており、その顛末や手続きの公正性を証明する資料や記録が残されていない事案」です。現在、すべての医学部でこの部分は透明性が確保されているのでしょうか。

　また、不正入試の事例で挙げられている2大項目（①特定受験者の優遇・成績順番飛ばし、②属性を理由とした一律的な取扱いの差異）のうち、後者が徹底されているのかも気になります。後

述する「枠」を使っての入学者は増加しています。合格基準は大学が詳細に入試要項で定めるのが原則です。校友会や大学関係者の「枠」を使って優遇していないことを明確にするため、求める人物像やその基準等を「アドミッションポリシー」で明記し、一連の入試（特に面接や集団討論）や合否判定において受験生のマスキング（性別・出身校・親の職業を隠すこと）の徹底を明示することを入試要項で説明することも必要だと思います。

　こうした入試制度や一般に伝わっていない情報も、正確に伝える義務があると思っています。受験の状況は刻々と変わりますが、この十数年で私が得た情報は正確にお伝えし、共有したいと思っています。

合格しない生徒とは

合格しない生徒

　私がこれまで関わってきた中で、なかなか合格しない生徒の特徴を３つ挙げましょう。１学力不足、２精神力不足、３過信です。その特徴と私の行っている対処法をお話しします。

　１学力不足、２精神力不足、３過信という３項目の中で一番解決しやすいのは１の「学力不足」です。この場合はまず、各科目が基準点（合格の土俵）に達しているかをテストや授業でつかみます。そしてその生徒の今の学力と基準点（合格の土俵）のギャップを埋めるように計画を作り、あの手この手で合格に必要なものを埋めていけば何とかなります。

　その計画は生徒の性格、これまでの学習スタイル、モチベーションなどの要素を取り込みながら実現可能なものにします。もちろん現役生は学校での未修単元もありますし、なかなか一人で作成はできません。医学部受験に精通していない人からは方向性の違うアドバイスが出てくることもあります（特に高校の進路指導）。そして大切なのはその計画を実行できたのか、どの程度できたのか、何ができなかったのか、なぜできなかったのかといったチェックです。こうした見直しと改善がないとせっかくの計画も無駄になります。このあたりのことは後述します。

　２の「精神力不足」とは、実力はあるのですが試験になるとなぜかパニックになってしまい力が出せないパターンです。「試験

の数日前からおなかを壊してしまった」「試験会場で緊張して手が震えて集中できなかった」「ケアレスミスをしてしまって、あとで見直すとなぜこんなことをしたかわからない」等がこの例です。この場合は、カウンセラーも交えて少しずつ状況を改善していきます。メンタルのトレーニング、自己暗示、イメージトレーニングなどを通して「意識して自分を落ち着かせる方法」「確実にリラックスできる方法」などを習得します。また、自己肯定感を上げて自信を持つことも必要です。割と時間がかかるパターンが多いのですが１年間かけて少しずつ克服していきます。

　３の「過信」は実は一番厄介です。多浪生に多く見られます。簡単に言うと間違えた問題について理由を聞くと「自分的には……と思ったのですが」と答える生徒です。すでに学習をしてある単元などについて、もう十分にやり込んでいたり自分のやり方が確立していると思い込んでいるパターンです。実際に大きな問題を抱えているわけではなく、ケアレスミスで失敗していることもありますが、たいていはもっと根が深いです。授業で講師に教わったやり方を無視して「自分はこのやり方しかできないので」と自己流にこだわって、それに固執してしまうのです。すると、そのやり方では対応できない問題はもとより、我流を貫こうとすることで時間が無駄にかかり問題にうまく対応できなくなります。さらにこの態度が行き過ぎると「これは問題がおかしい」ということを言い出します。自分が「問題の妥当性を評価する立場ではなく、単なる受験生である」という本質を見失ってしまっているのです。素直になって新しいことを貪欲に吸収して、その上で自分で情報を整理して取捨選択することが必要です。頭を柔軟にして新しいことを取り込む気持ち、新鮮な気持ちでチャレンジして成し遂げるという受験生本来のパターンを作り出さないとずっと「自分の領域」でしか勝負できなくなってしまいます。このままでは合格は遠のきますね。

　この場合、じっくりと時間をかけて、本人の持っている高くなっ

てしまっているであろう「プライド」を少しずつ下げていきます。多浪生はいろいろな予備校を渡り歩きいろいろなやり方を知っている（使いこなせるわけではない）ので、どうしてもほかの受験生にマウントを取りたがります。これは仕方のないことかもしれませんが、受験には必要ないことです。もう一度基本に立ち返って新鮮な気持ちで受験勉強ができるように誘導していきます。

　実際にはこの３つの要素が複合していることも多く、その他の要因（家庭環境）といった要素も加わるので、慎重に学習環境を整えて合格への学習の最短ルートを提示するようにして、一緒に実行していくことを心がけています。

（従来の）合格体験記が使えない理由

（従来の）合格体験記が参考程度にしかならない理由
合格体験記は受験生からの感謝の言葉以上の意味はありません

　当校の合格体験記を見てください。当校から１０年連続して国公立合格者が出ている理由、３年連続で現役生が１００％合格（１次）している理由が何となくおわかりになるかもしれません。一方、高校で配られる先輩の合格体験記、各予備校から出されている合格体験記もご覧になってください。

　どうですか？　感想としては「へー、この子すごいね」といったものが多いのではないでしょうか。

　では、その裏話をお話しします。

　毎年たくさんの卒業生を送り出してきたなかで、私は受験の前と後で生徒の印象が変わってしまうという感覚を持つことがあります。つまり、私の中の「受験前の生徒」と「合格した生徒」は多少なりとも別人であるという印象を持つことがあるのです。この年代の生徒は急成長の過程にありますから受験を通して大きく

成長することは間違いありません。しかし、ここでは少し違った観点での印象です。認知バイアスの一種です。

どういうことかと言うと、大げさな例で説明します。

試験に合格した直後の生徒の口から出る言葉はまず「うれしい。信じられない。先生ありがとう」です。この言葉はその子を指導していた塾関係者にとっては喜びを共有できるうれしい言葉です。

しかし、数日すると受験生の心の中で変化が起こり「でも試験自体の手ごたえは感じていたかも」となります。これが第1段階です。

そしてさらに数日たって、友人と会ったり周囲の状況を伝え聞いたりして情報収集をすると「自分は合格して当然だった」的に変化していきます。後輩に自分の学習スタイルを聞かれ少しずつアドバイスを始めます。これが第2段階です。

そして医学部に入学して同じ試験を勝ち抜いた仲間との生活が始まり、受験時代の情報交換をした後になるとさらに「合格する私のやり方は正解。他は邪道」のようになってきます。

この段階で合格体験記の執筆依頼をされるのが一般的ですので、どうしても「合格体験記」＝「自慢話」的になってしまいます。そして受験生にとってありがちの言葉「カンペキ」という曖昧な言葉を取り込んで、「英語はまずターゲット1900を完璧にした」といった具合に書き進められます。

その状態で書かれたものを、何も知らない受験生やご家族がそのまま読んでしまえば「へー、やっぱり医学部に合格する子はすごいねえ」となるのは当然ですね。「(従来の)合格体験記」から合格のノウハウは得ることが難しいのです。その子の成績からしたら「受かって当然」だったのか「ギリギリ間に合った」のか「なんで受かったのだろう」といった指導者の声が載ることはほとんどありません。

（従来の）合格体験記に書かれていないこと

　そしてこれが最も大切なことなのですが「合格体験記は営業ツールである」ということです。合格者に合格体験記を依頼する学校や予備校は、その生徒を賞賛するために体験記を編集するのではありません。それによって学校や塾の付加価値を高めるために体験記を作成するのです。

　よって、学校や塾のおかげですといった、付加価値の上がる文言、内容はそのまま使われます。逆に学校であれ、予備校であれ体験記に書かれたことが校風と違うとか予備校のスタイルと合わないとかいう箇所は削除されます。

　例えば「高校ではなるべく内職をして、受験科目に絞って学習していました」といった文は削除されます。また、「予備校の自習室に朝から晩までこもり、出席する授業を絞って勉強して学習効率を高めました」といった文もそのまま載ることはないでしょう。

　しかし、こうしたことがその生徒の本当の受験スタイルであって、合格体験記に書かれていることがすべてではない、ということなのです。

　私は自分の生徒に「合格体験記は生徒の受験生生活の総まとめですから」と趣旨を説明し、好きなように書いてもらっています。もちろん「自慢話」もありますが、うちの生徒のほとんどは「感謝の気持ち」を書いてくれます。卒業にあたり講師の先生一人ひとりのみならず事務さんにまで感謝の「お手紙」を書いて巣立つ者もいます（素晴らしい医師になってくれると信じています）。

　その「合格体験記」とは別に「受験学習記録」を書いてもらっています。これは受験にあたり、どの時期にどんな勉強をどのようにどのくらいやったかの詳細な記録と偏差値の推移、受験の当落です。この記録こそが「合格体験記に載らない本当の合格のノ

ウハウ」です。

　この本では、国公立合格を勝ち取った３名のドキュメントを取り上げました。１年の浪人生活の後に合格した者１名と現役合格者２名です。なぜ国公立の生徒しか取り上げていないのかは、当校では全員の最終目標が国公立だからです。当校では３月から受験勉強をスタートして、夏までは国公立志望者も含めて全員が４科目しか受験勉強をしません。夏に４科目が軌道に乗っていれば国語と社会の勉強を少しずつ追加していきます。

　ですからここで取り上げた３名は、順調に仕上がった私の中での「受験生の理想形」です。この勉強で私立大学医学部の勉強も網羅できています。ですから、私立医学部しか考えていない受験生にとっても必ず羅針盤になると思います。

医学部入試システム編

医学部の入試システムについてお話しします。

　医学部に入学するには「合格」しなければなりません。その「合格」を手にするルートには①一般入試（含：共通テスト利用）、②推薦入試、③総合型入試、④編入学入試があります。これ以外のルートでは入学できません。

　現在の日本の大学の医学部では①はどこの大学でも行われていますが、②〜④の入試はすべての大学医学部が実施するものではありません。編入学入試は行わないという大学もたくさんあります。

　では一番オーソドックスな入試の一般入試を私立と国公立に分けて説明いたします。

PART 1

私立大学の一般入試

1　1次試験から合格をもらうまでの流れ

　筆記の受験科目は基本的に4科目（英語、数学、理科2科目）です。これが1次試験です。これに合格した受験生が、基本的に小論文と面接試験を課す2次試験を受験することになります。

　シミュレーションをします。例えばA大学医学部の入試を取り

上げます。Ａ大学から一般入試で60名を募集することが発表されました。Ａ大学を受験するＢさんはＡ大学にオンラインで**受験の登録**をします。そして、高校の調査書や願書などの**必要書類や受験料の支払票など**を送付して受験資格を得ます。

　Ｂさんをはじめ、その受験資格を持った生徒2,400名が2月2日に1次試験である筆記のテストを受けます。2月9日に1次試験の合否が出ます。ここで300名が合格をもらいます。そのうち250名が2月11日に小論文と面接の2次試験を受けます。そして2月19日に2次試験の合格発表があります。

　80名が正規合格で残りの人はこの時点でＡ大学への入学資格はありません。しかしこの時点で補欠合格者（150名）という発表があります。

　この補欠合格者は正規合格者から入学辞退者が出た場合、追加で合格になる候補者ということです。この形での合格は補欠合格とか繰り上げ合格と呼ばれます。受験生にとって正規合格になれなくても、補欠合格に入れば、「合格の順番待ち」という状況になります。

　大学からいつ、どのくらいの人に「繰り上がりました。合格です」という連絡が来るかは大学次第です。もちろん正規合格者の入学手続きの状態が大きく関わってきます。正規合格者のほとんどが入学手続きを済ませてしまえば、繰り上げ合格者は少なくなります。時期も割と早めに決まってしまいます。しかし、入学手続きが進まなければ、大学にとっての入学者の充当期間が長くなりますので、その時期も長引きます。4月になれば入学式がありますので、どんなに長くても3月中には連絡が回るのが一般的です。3月中にその連絡がなければ補欠合格も不合格という意味しか持ちません。

　その連絡方法ですが大学からの連絡は、ネットでの発表や電話での連絡、また、その両方のスタイルがあります。大学側にとっても3月末に近づくにつれて定員充足へのプレッシャーもあり、

電話口の担当者は「入学するかどうか今日中に決めてください」や「今決められますか」といった焦燥感のこもった発言を多くするようです。

これに対して受験生は、複数校の医学部を受験しますから、正規合格には届かなかったものの補欠合格を確保して「繰り上げ待ち」の大学を複数校持つ生徒も現れます。

３月末になって回ってくる繰り上げ合格の連絡に関して、その時点でどこも受かってない受験生なら喜んで「ありがとうございます。入学します」となりますが、もうすでに進学先を決めている受験生にとっては「辞退いたします」となります。

私の経験上４月に入ってから繰り上げ合格が回ってくる例も数件ありました。一人の生徒は医学部以外の大学に合格し、その大学の入学手続きを済ませて入学式が明日、という状況で繰り上げ合格の知らせを受け取りました。彼は医学部志望ですから、両親にすまないと思いながら繰り上げ合格をもらいました。

ここまでが私立大学医学部受験から合格までの流れの一例です。

2　一般入試の１次試験と２次試験の中身

では、私立大学医学部のテストについてもう少し細かく見ていきましょう。共通テスト利用は後述します。１次試験は筆記テストで学力テストです。

受験科目は一般的に英語、数学（数Ⅲまで）、理科２科目の合計４科目です。すべての大学の１次試験の筆記テストが４科目というわけではありません。

３科目の大学（東海大学、帝京大学）や２科目の大学（金沢医科大学・Ⅱ期日程、兵庫医科大学・後期日程）もあります。

また、基本の４科目の筆記試験に加えて「基礎学力試験」が追加で課される大学（東邦大学）や適性検査のある大学（東京女子

医科大学）もあります。また東京女子医科大学のように小論文を1次試験で実施する大学もあります。

　試験の範囲も**数学**においては統一しているわけではなく、「ⅠＡⅡＢまでのものとする」（帝京大学、東海大学、近畿大学、金沢医科大学・後期日程）があります。つまり数Ⅲが出題範囲外ということです。

　数学なしで受験することが可能な大学もあります。昭和大学、帝京大学などです。帝京大学は英語が必須で残りの2科目を化学、生物、物理、国語、数学（数Ⅲなし）の5科目の中から自分で選択できます。昭和大学は英語と理科2科目は必須ですが、残り1科目を国語か数学（数Ⅲまで）から選択できます。

　この筆記試験の合計点もしくは偏差値合計値により順位づけがなされます。試験に合格するには各科目とも「だいたい7割」と言われています。ただし、各科目ごとに基準点を設けていて、1科目でもそれを下回ると総合点が合格最低点を超えていても不合格になる大学（聖マリアンナ医科大学）もあります。

　1次試験を2日間連続して設定している大学は、東海大学、金沢医科大学、獨協医科大学です。3日間連続で設定している大学は帝京大学です。2日間や3日間がセットになっているわけではなく各日ごとに独立した試験になります。それぞれ受けた日の中から一番良かった日の成績で合否が決まります。つまり複数回のチャンスがあるということになります。得点は偏差値換算される大学と偏差値換算されずに素点の合計点で決まる大学があります。**東海大学、金沢医科大学、獨協医科大学は偏差値換算で、帝京大学は素点**のようです。なぜ、偏差値換算するのかは、科目間や受験日間の有利不利をなくすことだということです。つまり物理と生物の平均点が大きく違う場合に生じる差をなくそうということと、第1日目と第2日目のテストの難易度の差をなくそうということです。こうして集められた総合数値のうち、高い人から1次試験合格者が決められます。

４科目より３科目や２科目の方が入りやすい？

受験生の中には、４科目は手が回らないという人も多いと思います。このままでは２月の入試に間に合わないということです。特に現役生にとっては英語と数学で手いっぱいで、「理科２科目」は高いハードルかもしれません。そこで「じゃあ３科目受験にしよう」と決めて、１科目を切り捨てて勉強をする人もいるでしょう。

しかし、これは危険です。私は無条件には賛成しません。

まず、一般に合格ラインの受験生は４科目ともできます。そのなかで特に３科目は「絶対的」にできます。勉強してギリギリ３科目を間に合わせた受験生とは学力が圧倒的に違うのです。

その結果、かなりの高得点勝負になります。２科目入試の場合はもっと熾烈です。2022年度の金沢医科大学後期の入試結果を見ましょう。募集10名に対し志願者が1,326人です。この時点で倍率が132.6倍です。実際には受験者が1,180名で総合格者が15名でした。これでも78.6倍です。高得点の勝負になり、しかも志願者増となれば、「合格しやすい」と安易に考えない方が賢明です。

また、受験科目を絞って勉強してしまう（１科目捨てる）と受験できる大学の数も減ってしまいます。しっかりと４科目を勉強していた方が合格の可能性が高くなります。例えば、東海大学は入試当日に問題を見て理科を選択できます。つまり得点の取れそうなものを選択すればいいのです。

数学の範囲がⅡＢまでのケースも同様です。志願者がその分増えるので合格がしやすくなるということはありません。

3 共通テスト利用

今見てきた筆記テストの代わりに共通テストを代用するルート

もあります。共通テスト利用と呼ばれる制度です。これもすべての大学が実施しているわけではありません。受験生にとっては、各大学ごとに行って1次試験を受験する手間が省けますから使い勝手がよい入試のように思えるかもしれません。しかし、共通テスト利用で入学できる人の数（募集定員）はとても少ない（5〜15名）です。ですからこれも高得点の争いになります。安易に合格できる抜け道的な制度ではありません。

　また順天堂大学医学部や日本医科大学のように1次試験の一部を共通テストで代用したりする入試もあります。日本医科大は国語の試験に共通テストを利用します。

　また、共通テストの自己採点の結果を見てから出願できる大学（藤田医科大学や関西医科大学）もあります。ただしこれは高倍率になります。

4　東邦大学医学部の「基礎学力試験」と 東京女子医科大学の適性検査

　東邦大学医学部の「基礎学力試験」は1次試験の中で実施されます。入試要項によると「論理的思考能力・数理解析能力等」とあります。具体的には実際に受験した生徒からの再現問題を見ると、数学の統計や総合適性検査（SPI）のようなものが出題されています。

　東京女子医科大学の適性検査も実際に受験した生徒からの再現問題を見ると通常、就職試験に用いられるものと同様です。ただし小論文とセットで行われるのでスピードが大切です。

5　2次試験

　では2次試験の中身を見ていきましょう。

1次試験を通過した人は2次試験に進む権利があります。ここで、もうすでに志望大学の合格を得た人、より志望の高いほかの大学の受験日と重なってしまった人、1次の点が悪かった人などは2次試験に進みません。1次試験の合格者数＝2次試験の受験者数とはなりません。

　2次試験では小論文と面接が課されるのが一般的です。一般的なイメージですと2次試験の点数が1次試験の点数と合算されて、1次試験と2次試験の合計点の高い人から最終合格をもらえる、と考えるのではないでしょうか。医学部の場合はそうとは限りません。ではどのように進むのかご説明します。

　1次試験の筆記テストの結果で1位からずらっと番号が振られます。募集定員が60名でしたらその1.3倍くらいの約80名が「正規合格」候補です。1次合格者が250名いたら残りの170名は「合格候補」のグループになります。そのうちの150名が「繰り上げ合格」候補で、残り20名は合格の可能性はほとんどありません。

　ですから、自分の取った点数がわかっていて、合格最低点もわかればだいたいの自分の位置がわかり、合格の可能性も推測できます。そんなことわかるのですか？と思われるかもしれませんが、受験した大学の関係者に受験生のお父様やお母様の知り合いがいらっしゃれば可能です。というか数年前までは確実にできていました。実際に私が過去にほかの予備校で指導していたときにそのような事例が散見されました。「1次がギリギリだったので、2次は受けません。申し込んであった他大学の1次を受けます」といったことがあったということです。こうしたことは、コネがない一般の受験生には考えられないことかもしれません。

PART 2

国公立大学の一般入試

一般入試の1次試験（共通テスト）と 2次試験（個別学力試験）の中身

　国公立大学の場合、1月の共通テストが1次試験になります。受験生は原則5教科7科目の受験をします。2次試験（個別テスト）の受験は共通テストの結果を自己採点してから出願します。（1月中旬以降）試験科目は基本4科目と小論文、面接になります。

　受験生は2次試験（個別学力試験）に向けて、自己採点を「共通テストリサーチ」にかけます。これは国公立の受験生全員がやります。自分の受験したい国公立大学の合否の判定をしてもらう制度です。この判定には10月に行われる予備校の全国模試の偏差値が使われます。この数値と共通テストの自己採点とを取り込んで全国の受験生の中での相対評価（A〜E）が出るのです。

　ここで、強気で行くか安全策で行くかを決めることになります。大学によっては2段階選抜と言って、2次試験の倍率を3〜5倍に抑えるためにこの共通テストで「足きり」を実施することもあります。ですから、あまり強気ではいけない傾向にあります。しかし2次試験（個別学力試験）の過去問の特性を見て相性がいいとか得意科目で勝負できるといった個別要件があれば強気で出すこともまったくありです。

　このように受験生は共通テストリサーチを見て、実際に受ける大学を決めて出願することになります。

　大学の決め方は、まず大学の募集要項をよく知ることです。

まず、共通テストと2次試験（個別学力試験）の配点の割合を確認してください。例えば東京大学では共通テスト：2次試験（個別学力試験）の配点割合は2：8、東京医科歯科大学は33.3：66.7です。横浜市立大学は41.7：58.3になっています。いずれも2次試験を重視していることになります。逆に徳島大学は69.2：30.8で、佐賀大学は67.7：32.3ですので、共通テストが重要であることがわかります。

　次は2次試験（個別学力試験）の試験科目と配点割合を見てください。一般に英・数・理科1・理科2、面接になります。配点割合は英語は33.3％・数学は33.3％・理科1は14.3％・理科2は14.3％、面接14.3％です。また群馬大学、横浜市立大学、京都府立医科大学では小論文が点数化されます。

　また、理科を課さないのは旭川医科大学、秋田大学、島根大学、徳島大学で、理科が1科目でよいのが奈良県立医科大です。理科を物理と化学と指定するのが名古屋市立大学、群馬大学、金沢大学、愛媛大学、九州大学、佐賀大学です。国語を課すのは東京大学、京都大学、山形大学、名古屋大学です。

　また、群馬大学や山梨大学（後期）は英語を課しません。

　こうしたデータをもとに、赤本で過去問を検討します。問題の難易度と時間を見て自分に合うかどうかを調べてください。スピードが要求されるテストか、じっくり考えて答えを出さなければならないテストなのか、自分はどちらに向いているのか、といったことです。こうした受験校の選定にはプロの力があった方が絶対に有利です。長年こうした最前線に身を置いていると、数字だけではわからないもの、これまでの経験からしかわからないものもあるのです。共通テストリサーチがD判定でも受けるべきかやめるべきか？　国公立の出願に際してこうしたことに明確な判断ができない人には受験指導はできないと思っています。

PART 3

推薦入試（学校推薦型選抜）

医学部入試システム編

　一般に言う「推薦入試」は学校推薦型選抜と呼ばれ、指定校推薦と公募推薦の2種類があります。指定校推薦は大学から高校に募集をかけて高校での校内選考に残った者が受験できる制度です。公募推薦は校内での選考はありませんがいずれも学校長の推薦が必要で一定水準の評定も必要です。

　この入試は私立にも国公立にもあります。私立医学部の推薦では調査書、面接、小論文がメインの受験になり一般入試のような学力考査を受けないので「学力では入学が難しい」と思われる者が受験する傾向にあります。

　しかし、国公立の推薦（公募）では共通テストを課す大学も多く、東京大学に見られるように高度な学力を要求されます。現役生だけでなく、岩手医科大学、埼玉医科大学、藤田医科大学、近畿大学などは1浪生まで出願できます。4浪生まで受験できる（京都府立医科大学）ところもあります。

1　指定校推薦

　大学から指定された高校では、生徒に指定校推薦の枠があることを告知します。その要件は評定（内申）が4.2以上であることが一般的です。募集は一般的には各校2名くらいです。応募した者は、まずその高校の校内選考にかけられます。ここはその高校の独自の基準で決まるようです。

医学部以外の指定校推薦ではこの校内選考で校長推薦を得られれば、大学に行って簡単な面接試験や学力考査を受ける者はほぼ間違いなく大学から合格をもらえます。しかし、医学部は校長推薦をもらい、高校を代表して受験しても合格するとは限りません。大学では**学力考査と面接を課す**ので、このための準備は必要です。

逆にここで合格をもらうと、その大学に進むことが前提になっている（専願）ので、もう一般受験はできないことになります。

北里大学、東京女子医科大学、獨協医科大学、埼玉医科大学がこの制度を取り入れていますが、聖マリアンナ医科大学や東京女子医科大学はこの制度を廃止しました。

‖ 2 公募推薦

公募推薦は、指定校推薦と違って校内選考はありませんが、校長の推薦書や一定水準の高校の評定が必要です。また、公募という意味は「誰でも**無制限に出願できるものではない**」とされています。各高校から最大3名などの枠を設けることが多いようですが、これが実際に適用されているのかはわかりません。試験は指定校推薦と同様に大学に行って基礎学力や面接の試験を受けます。国公立の推薦はこの制度が多く、ここで落ちても一般受験もできるという大学もあり、人気がある制度です。一般入試に比べ倍率が低いのですが、**筑波大学**は44人ほどこの入試で生徒を募集しているため人気も高く、小論文と言いながら、その内容は英語・数学・理科の試験であり合格の水準は高くなっています。

PART 4

総合型入試（旧AO入試）

　総合型入試を見てみましょう。

　少し前まではAO入試（Admissions Office）と呼ばれていました。この入試は、**学生の個別の適性や特徴を総合的に評価することを目的とした一種の推薦入試**とも言えます。入試では学力試験の成績だけでなく、面接やエッセイ、プレゼンテーション能力など個別の選考要素が重視され、学力以外の能力や特徴を評価し、総合的な選考が行われることになります。

　ここでは受験生に人気のある**東海大学**と**東邦大学**を取り上げます。当校からは東海大学には3年連続、東邦大学には2年連続で合格者を出しています。

1　東海大学の総合型入試の場合

東海大学・希望の星育成の例

　東海大学では「希望の星育成」と称して現役生を対象に総合型選抜を実施しています。募集人数は10名です。2次選考まであります。

　第1次選考の中身は ①本学所定の書類による書類審査、②小論文（60分、800字以内）、③オブザベーション評価（120分程度）、④面接試験（20〜30分程度）です。

　第2次選考は『大学入学共通テスト』において、「本学医学科

が指定する教科・科目を受験すること」になります。指定科目は ①外国語（リーディング・リスニング）、②数学（数学Ⅰ・数学A・数学Ⅱ・数学B）、③理科（2科目選択）です。

　出願要件は ①東海大学医学部医学科を第一志望とする現役生、②全体の評定平均値が3.8以上かつ2023年度大学入学共通テストにおいて、指定された教科・科目を受験する者、③出身高校教員やクラブ顧問等の2名以上（少なくとも1名は出身高校教員）よりの「人物評価書」を提出できる者です。

　第1次選考を細かく見ていきましょう。

オブザベーション評価

　第1次選考で問題になるのはオブザベーション評価です。これは大学の募集要項によると「当日発表される課題に対し、個人やグループでの取り組み態度や思考、発信力などを拝見します。皆さんの意欲や情熱を確認すると共に、『良医』となるために必要と考える基本的な能力を評価します。」とあります。

　具体的にはどのような感じなのでしょうか？　当校の合格者が再現してくれたものをもとにシミュレーションしてみましょう。

　東海大学でのオブザベーション評価とは、簡単に言うと7人一組で行う対話形式の評価法です。

　受験生は自己紹介の後、係員からKJ法についての説明を受けます。要約すると、KJ法は、ブレインストーミングとディスカッションを組み合わせた思考法です。

　具体的には、まず、各自5分間一つのテーマから8個の枠を埋める時間が与えられます。

　次に、書いた内容を発表し、7人×8個＝56個のアイデアから、皆で話し合って、重要である8個を選びます。

　そこから、話し合いを重ね、さらに8個のアイデアのうち、よ

り重要であると考えられる3個を選び、その3個を達成、または獲得するために必要なものをそれぞれ8個ずつ書き出します。

　最後に、5分の時間が与えられるので、各自プレゼンの準備を行い、呼ばれたら3人の試験担当者の前で完成したワークシートをもとに3分間プレゼンを行います。

　といった一連の流れの作業工程が丸ごとオブザベーション評価として試験官に評価されます。約2時間の動き、発言をずっと見られているわけです。

　この評価では、スムーズな話し合いを進行するために、各自の発想力、コミュニケーション能力、協調性などが必要でしょう。また、自ら積極的に話し合いに参加して意見を述べるとともに、誠実に人のアイデアに耳を傾け、意見を尊重する姿勢も求められます。受験生は与えられた時間内に結論を出せるように、時間管理能力も見られます。

　2021年のテーマは「今までの人生で一番うれしかったこと」や「良医になるとは」でした。2020年のテーマは「夢をかなえるには」でした。

　こうした試験の中身を知らずに1次選考に向かった受験生と、この選考に対して十分な準備と対策をしてきた受験生ではどちらが受かるか容易に想像できます。当校では本番さながらの練習を繰り返します。その成果が3年連続合格者を生み出している理由の一つでしょう。

2　東邦大学の総合型入試の場合

東邦大学の総合型入試

　東邦大学医学部のパンフレットによると「本入学試験では、優れた学力のみならず、主体的・能動的に行動することのできる力

を持ち合わせ、変化の著しい現代社会において問題を発見し、解決に向かうための方向性を見出す思考力・判断力に富む受験生を選抜します。選抜においては、適性試験において将来医師として必要な思考力、判断力を有していることを確認します。基礎学力の試験では、文章や図表の内容の理解度やそれらを論理的に表現する力、科学的判断力を確認します。面接では、自分の考えを他者に明確に伝えることができるコミュニケーション能力、異なる意見を持つ他者の意見を尊重する態度を有していることを確認します。日常の成績や態度に関しては高校の調査書より、医学を学ぶための基礎学力・語学力を有していること、コミュニケーション能力や向学心を有していることを確認します」といったことが書かれています。募集人員は約10名です。試験は1次試験は①適性試験、②基礎学力検査で、2次試験は面接です。

　出願要件は調査書における全体の学習成績の状況が3.8以上の者で、数学・理科のそれぞれの学習成績の状況が4.0以上の者、1浪まで、合格した場合、入学を確約できる者、となっています。

　この2次試験の面接では、実はグループ討論とMMI式の面接が別々に行われます。グループ討論は馴染みがあると思いますが、MMIというシステムは聞き慣れない言葉だと思いますので説明します。

MMIとは

　MMI（Multiple Mini Interview）とは医学部の2次試験で導入される面接の方式です。具体的には、MMI（Multiple Mini Interview）という名前の通り、「短い面接を複数回実施する」ものです。

　従来の面接では一つの場所で複数の面接官と対面式で一人の受験生が面接を受けますが、MMIではその面接が複数の場所で毎回異なる面接官で複数回行われます。

　面接時間も従来の面接ではほぼ10分などと決まっていますが人によってばらつきがあります。これに対して、MMIでは複数の場所で同時に行われるので終了の合図のベルが鳴り一斉に移動するという具合に時間管理が徹底されます。

　面接の内容も従来の面接では志望理由などを問われることが多いのですが、MMIでは葛藤を引き起こすようなテーマや、医療の倫理上の論点に基づくものについて課題が与えられ、受験生はそれに対してどのように考え、行動するかを発表していきます。そのあとで質問が繰り返されることもあるようです。

　試験官は受験生の知識だけでなく、判断力、問題解決能力、コミュニケーション能力、チームワークやリーダーシップの特性といった医療現場での即戦力に通じる特性を見ていると思います。

　その評価はおそらく各面接ごとになされます。それが合わせられて最終的な総合評価になるようです。

　東邦大学では総合型入試だけでなく、一般入試でも2次試験でこの方式を取り入れています。

医学部入試システム編

　では当校から東邦大学医学部総合型入試（2次はMMI）に合格した生徒の実例（ドキュメント）を見てみましょう。

総合型入試のドキュメント（一部抜粋）

完全版は当校のHPで公開しています。

1 次試験：基礎学力試験と適性試験 ───────

●基礎学力試験：大問 6 問でした

1. 文章の並び替え（4 問）
2. 四則演算：X～Wまでの機械に数字を通すと以下の結果が得られる。このとき下の図の空欄を埋めよ。→答えが数字なのに解答用紙のマークシートがabcでした。結構注意力を試されていると思いました。
3. グラフ、図表を見て150字で要約の問題
4. グラフ、図表問題：コロナ禍で入学後の充実感を感じている人のグラフと、入学後友人がいない人が増加しているグラフから、コロナ禍ということも踏まえて考えることを180字くらいで述べよ。
5. 幼児の成長段階における能力の発展について考えられることを180字で要約せよ。
6. 現代の家族についての論述の文章を読み210字で要約せよ。

●適性試験

すべて時間指定されます。次々に解いていくので、前の問題に戻れません。

1. 数字の問題 4 問
2. 立方体の展開図 4 問
3. 図形問題
4. 事例が挙げられ、その人のとった行動の評価問題が25問。

1 次試験に合格した者が別日に 2 次試験に進みます。

2次試験：グループ討論とMMI

①グループ討論（10分）

　部屋に、4名（女子）が各受験カテゴリ（総合入試、同窓生子女、新潟県枠、付属校）から1名ずつ集められるというグループ構成。お互いに意見を出し、話し合って、意見をまとめて発表するまでのプロセスが評価されます。面接官（男性2名）のほか外部カメラもあります。机上には2枚の紙（1枚は問題用紙、もう1枚はメモ用紙）、ボールペンが用意されていました。

　入室後、自己紹介をして、問題を1〜2分黙読のあと4人で討論です。

問題の内容：

　あなたは医者で、手荒れがひどいと訴えてきた患者がいました。その患者は菜食主義者で野菜以外をまったく食べない。原因はそこにあるとわかっている。医師としてあなたは野菜だけではなく肉も食べるように伝えたところ、病気はよくなりたいけど、菜食主義を変えるつもりはないと拒否。

　この患者に最初なんと声をかけるか（ファーストコンタクトをどうするか）。

　患者さんがどうしても納得しない場合、どのように改善・解決していきますか？

　試験開始直後、誰から話すべきかで受験生が沈黙します。時間が止まりそうな気配をとっさに感じたので、私から声を出し進行役的な役割を引き受けました。意見が活発に交換でき、建設的な意見がまとまり、最終発表が終わったところで終了合図でした。

　左側の面接官は終始うなずきながら見守ってくださっていた感じですが、右側の試験官はずっと無表情でした。気をつけたことは敬語は使わず、日常の会話のように声色、声の大きさ（マスク

をしているので)、目の表情を意識しました。

② MMI：個人面接（3分）1回目
　廊下で課題を渡され、それを読みます。館内放送で一斉に「受験生は入室してください」と合図され入室します。面接官は女性の先生でした。

課題に書かれていた内容：
　４人１グループ（あなたがリーダー）で行った課題発表には悪い評価が与えられた。理由は情報収集の不十分だった。

質問１：不十分とありましたが、今後あなたはどのように情報を集めますか？
質問２：さまざまな人の立場に立つためにはどうしたらよいですか？
質問３：リーダーになった経験はありますか。

「試験を終了してください」という合図で退出。
　この流れであと２回MMI面接

感想：楽しく教授とお話ししてきた感じで楽しかった。心がけたのはコミュニケーションです。マスクをしているので、表情が伝わりにくい分、目線や声色、大きさ、滑舌を注意し相手に伝わっているかを配慮しました。沈黙をしないように、脳をフル稼働させて伝える努力をしました。どうしても思いつかないことは、素直に伝え、次に移行してもらいました。緊張しましたが冷静でいられたと思います。身振り手振りがオーバーだったのは反省点です。

PART 5
編入学入試について

　医学部学士編入制度は、再受験とも呼ばれます。医学部以外の大学に進学、卒業したあとで、2年次または3年次から合流することを前提として入学するための試験です。

　医学部に多様な人材を確保するという目的によるもので、学力のほか大学での専攻・社会経験、面接などを併せた総合的評価によって合否が決まります。

　2023年度では、全国で29の医学部（うち国公立大学が27校、私立は北里大と岩手医科大）がこの入試を実施しています。**選抜方法は、書類審査・学科試験・面接（集団討論含む）が一般的です。**

　学科試験は、英語・生命科学・物理・化学・数学といった科目から課されますが、大学によって受験科目はばらつきがあります。

　群馬大学、筑波大学、高知大学、大分大学は必ずしも大学を卒業していなくても2年以上の在学者（見込みの者を含む）であれば、指定の単位を修得していれば受験可能です。

　文系学部出身者や社会人でも、一般入試よりも軽い負担で受験することが可能なので人気があり、難関試験になっています。

　以下は編入学を実施している大学のリストです。

国公立

大学名	募集人員	1次試験科目	2次試験科目	編入年次
旭川医科大学	10名	生命科学、英語	個人面接	2年次編入
北海道大学	5名	生命科学総合問題	課題論文、面接	2年次編入

弘前大学	20名	基礎自然科学、数学	個人面接	2年次編入
秋田大学	5名	書類	小論文、生命科学、面接	2年次編入
筑波大学	5名	学力試験、適性試験	——	2年次編入
群馬大学	15名	小論文Ⅰ、小論文Ⅱ	面接試験等	2年次編入
東京医科歯科大学	5名	自然科学総合問題	面接	2年次編入
富山大学	5名	課題作文、総合試験	口頭発表、面接	2年次編入
金沢大学	5名	(第1次選考) 書類	(第2次選考) 生命科学 (第3次選考) 口述試験	2年次編入
福井大学	5名	自然科学総合 (生命科学)	面接	2年次編入
浜松医科大学	5名	生命科学、英語	小論文、面接	2年次編入
名古屋大学	4名	英語、生命科学を中心とする自然科学	小論文、面接	2年次編入
滋賀医科大学	15名	総合問題、英語	小論文Ⅰ、小論文Ⅱ、個人面接	2年次編入
大阪大学	10名	物理学、化学、生命科学	小論文、面接	2年次編入
神戸大学	5名	生命科学と英語の総合問題	口述試験	2年次編入
奈良県立医科大学	2名	英語、数学、理科	面接	2年次編入
鳥取大学	5名	基礎科学、英語、面接	——	2年次編入
島根大学	各5名	英語、自然科学総合問題	面接	2年次、3年次編入
岡山大学	5名	書類	生物学、科学英語、面接	2年次編入
山口大学	10名	学科試験、小論文試験	面接	2年次編入

香川大学	5名	自然科学総合問題	面接	2年次編入
愛媛大学	5名	自然科学総合問題	個人面接	2年次編入
高知大学	5名	総合問題	面接、グループワーク	2年次編入
長崎大学	5名	生命科学系科目、英語	小論文、面接	2年次編入
大分大学	10名	(第1次選抜) 書類	(第2次選抜) 生命科学に関する総合問題、英語 (第3次選抜) 個人面接、発表及びグループディスカッション	2年次編入
鹿児島大学	10名	学力試験Ⅰ、学力試験Ⅱ	個別面接	2年次編入
琉球大学	5名	小論文Ⅰ・Ⅱ、自然科学総合Ⅰ・Ⅱ	個人面接	2年次編入

医学部入試システム編

私立

大学名	募集人員	1次試験科目	2次試験科目	編入年次
岩手医科大学	若干名	学科試験1・学科試験2、小論文	面接	3年次編入
北里大学	若干名	数学、外国語、理科	論文、面接	1年次後期

PART 6

地域枠入試について

　これは、都市部や大規模な病院が集中する地域と比較して医療資源が不足している地域において、地域の医療を支えるための取り組みとして取り入れられている制度です。

　文科省のホームページを見ると、「地域医療を担う医師の養成及び確保について」という審議会報告の記録があります。そこでは、①へき地を含む地域における医療体制の確保は、医療政策の重要な課題であること、②しかし医師の地域偏在は依然として大きな問題であり、へき地を含む地域での医師の確保は極めて困難であること、③小児科、産婦人科等の特定の診療科での医師の確保も極めて困難であることが述べられています。

　そこで、地域別・診療科別の医師の偏在の問題に関する対応の充実を図る手段として、医学部の入学定員を見直すことと学生が卒業後、実際に地元に定着することに結びつけるために、入学者選抜の工夫改善、モデル・コア・カリキュラムの充実等による学部教育での地域医療に関する教育の改善、大学病院における新医師臨床研修や地域医療支援等の改善などを挙げています。

　そこで、大学側と行政が連携して入試の中に「地域枠」を作りました。そのなかで、修学資金（奨学金）として学生に在学中に一定額を貸与し、卒業後に大学のある地域や、大学の指定する地域で一定年数勤務することでその額を返還する必要がなくなるという制度を組み込みました。

　つまり、この制度を使って入学した学生は定められた期間、指定の地域、診療科などで勤務することにより、一定額の奨学金を

実質上もらえるということになります。

　行政側のメリットは地域別・診療科別の医師の偏在の問題の解決の大きな要因になることが期待できることです。

　学生側のメリットは、私立大学では高額になる学費負担を和らげることができることです。

　例えば、杏林大学医学部の新潟県枠の修学資金は6年間で3,700万円です。6年間の学納金（約3,760万円）をカバーできる金額です。

　また、倍率も低くなることもあり、一般入試より合格しやすいこともあることです。

　例えば、昭和大学の2022年度の合格最低点は一般入試が230点（58％）であるのに対して、新潟県・静岡県・茨城県のそれぞれの枠ではいずれも190点（48％）となっています。

　学生側のデメリットとして、一定の期間（約9年間）を指定の地域、診療科などで勤務しなければならないことをあげる人もいるでしょう。これは絶対的なデメリットかと言われると私はそうは思いません。その地域でもともと働きたい人、進みたい診療科が指定された診療科であれば問題ないでしょう。むしろマッチング制度（一般的に言う就職活動）をしなくて済むのはメリットかもしれません。

　いずれにしても、この制度は大いに「使える」制度です。当校からも合格者を多数生み出しています。

　入試は、東海大学のように共通テストを使って行う大学や昭和大学のように一般テストと同じ問題を使う大学があります。また、国公立では推薦入試のなかに組み込んでいる場合がほとんどです。

医学部入試システム編

学力の上げ方編

PART 1

合格に必要な3要件 〜エース流〜

　エースメディカルみなとみらいでは生徒全員の偏差値を上げる自信があるので入会テストはありません。ただ、入会希望者には必ず私が面談をします。その際に「医師になりたい」ということを本人の口から聞けない生徒さんには入会を見合わせていただいています。

　私が大切にしていることは3つです。当校の生徒には必ず覚えてもらっています。それは ①本人が頑張ること、②親に感謝すること、③塾との信頼関係を持つことです。

　①は当校の講師はどこの塾や予備校の講師より頑張って生徒を合格させようとします。ですから、それ以上に本人が頑張ってほしいということです。

　②は高い学費を出してくれるのは誰なのかを考えなさいということです。そしてなぜそのお金を出してくれるのでしょうか？本人が将来、医師になれば高収入で左うちわになるからですか？そんなはずがありません。ではなぜですか？　なかなか高校生や浪人1年目の人はわからないかもしれないですね。本人の進みたいという夢に向かって、親御さんがお金を出してくれるのは、信頼があるからなのです。期待もあるでしょうが、それよりも「この子なら頑張ってくれる。無駄遣いにはならない」という信頼があるからなのです。このことには生徒はなかなか気がつかないのですが、誘導して気づいてもらいます。そして、この信頼を裏切らないためには生徒がしなければならないことに自分で気がついてほしいのです。それは合格することなのです。そのことに気が

ついた生徒は、親に感謝して勉強に打ち込んでいきます。「勉強」が自分のためだけでなく周りを取り込んで広がっていくのです。「私が受かればみんな幸せ」と考えてくれれば成功です。こうした気持ちを持つ生徒は、頑張りもきき、真摯に勉強に取り組み合格していきます。

　③は、受験の直前に生徒や保護者の方に「この塾失敗した」と思われてしまうとしたらこんなに悲しいことはありません。そうならないためには、入会したときから最後までしっかりと一緒に進んでいくことなのです。時間もかかり面倒ですが信頼関係の構築は絶対に必要なことです。

学力の上げ方編

PART 2

学力の上げ方

学力の上げ方

　高いハードルである医学部入試ですが、一般受験では**全国模試での偏差値が65はほしい**ところです。もちろん受験学年での偏差値であり、高校2年生対象の模試や高校1年生対象の模試の偏差値ではありません。

　偏差値65があれば、私の感覚では私立大学医学部を**3校受ければ確実に1校は1次試験に通る**レベルです。模試で一度もこの偏差値を取っていない受験生は、本番でいきなり高得点をたたき出すこともありますが、本番で実力以上を出すことは難しいので1次試験突破の可能性は低くなります。

　私は、試験本番は「いつもの力の8割を出せるように」と指導しています。「何としても頑張って120％の力を出せ」という理不尽なことは口にしません。どれだけ普段の学習にしっかり取り組み、模試を本気で受けていい偏差値を取るかが大事なのです。

　受験学年の1年間で大手の予備校（河合塾や駿台）は全国模試を数種類、数回分準備しています。

　医学部受験に限ると、5月（春）、8月（夏）、10月（秋）にマーク式の模試と記述式の模試を受けるのが一般的です。さらに国公立志望者と共通テスト型の入試を受ける人は12月の共通テスト模試を受けることになります。

　当校ではこの7回の模試受験がマストになります。

マーク式の模試と記述式の模試

　模試には共通テストをもとに作成したマーク式の模試と個別入試をもとに作成した記述式の模試があります。共通テストは大学入試センターが管理運営をしています。国公立受験者は1次試験として共通テストを受けなければなりません。

　この共通テストを念頭に作られた模試が共通テスト模試です。過去問をもとに作られているので問題数や問題形式はほぼ過去のものを踏襲します。よって時間配分などを自分で決めて取り組めるテストです。

　解答方式はすべてマークセンス方式ですので選択肢のなかに必ず答えがあります。ですから、英単語のスペルに自信がなかったり、社会のテストなどで人名や年号がうろ覚えであっても何とかなってしまう側面もあります。

　これに対して記述模試は私立大学や国公立の個別試験をもとにした筆記試験です。解答に選択肢のあるものと自分で解答を作り出すものが混在します。ですから、より正確な知識や応用力を問われることが多くなります。医学部受験のバロメーターとしては記述模試が重視されます。

偏差値の上げ方

　学問を究めて研究者を目指すのと、短期間で偏差値を上げるのとでは勉強のやり方は大きく変わります。前者ですと最終的には学術論文を仕上げなければならないので、学力のほかに学際的な視点やオリジナルの視点が必要になります。ですから普段からそうした能力の養成が必要です。しかし、入試を突破するための学力を考えると、こうした視点は邪魔になることもあります。では

何が必要なのでしょう？　それは偏差値を上げるための勉強です。偏差値は平均点を取れば50になります。つまり相対的な順位を意識するということです。全体の母数のなかで上位15％～30％くらいに入ることを意識すればよいのです。この分野をもっともっと突き詰めたい、という考え方ではありません。

そのために必要なことは ①勉強の方向性、②勉強のモチベーションだと思っています。一つ目の「勉強の方向性」というのは、今やっている勉強が医学部入試の筆記テストを突破するために最適なのかということです。二つ目の「モチベーション」はどれだけ医者になるという夢に向かって自分のやる気が引き出せるかです。

一つ目の勉強の方向性を私は「勉強ベクトル」と呼んでいます。ベクトルには大きさと力が含まれますが、ここではまず、方向性に力を置いています。

この方向性を見つけるのは生徒一人ではなかなか難しいと思います。何が難しいのかと言うと、生徒が自分で正しい方向性を見つけにくいからです。もちろん誰からのアドバイスもなく一人で見つけられる、もともと優秀な生徒はいます。しかしこうした生徒を除くと、ほとんどの生徒はできません。自分では「正しい」と思って勉強していても、それが受験のプロから見ると正しくないことがいくらでもあります。その適否は医学部に熟知した指導者でないとわからないということです。私たちはあくまでも偏差値65を取るのに最短ルートは何かを考えて生徒一人ひとりに合った学習方法を提案します。

その方法ですがこの「勉強ベクトル」の決め方には手順があります。ここが私と各科目の教師が生徒に直接アドバイスする方法とは決定的に違う点です。

そのやり方です。まずその生徒の主要4科目の学力をつかみます。高校1年生や2年生といった低学年の場合は英語と数学の2科目の学力です。次にその生徒に受験までに残されている時間を

計算します。そして、そのギャップを埋める作業をしていきます。授業でやること、自習でやってもらうこと、やらなくてよいことなどを時系列で決めていきます。そこに生徒の学力の伸びを勘案しながらいつでも修正できる大まかな「合格ロードマップ」を作成します。

　まだ「勉強ベクトル」は出てきません。そして、その時系列の「合格ロードマップ」を年ごと、期ごと、月ごとに細分化します。

　ここで高卒生の場合は一番の優先順位から決めていきます。基準は時期によりますが一般的に言って夏より前なら英語＞数学＞理科となります。どの科目も偏差値65に届いていないなら英語を最優先にするということです。

　例えばもしこの時期（7月）に理科＞英語の学習をしているなら、それは本末転倒です。しかし、この理科＞英語になっているかどうかの判断は生徒はできていなかったりします。

　特に学習記録をつけていなかったりするとまったく自分の勉強がわからなくなってしまいます。こうした状況が続くと、成績が右肩上がりのときはよいですが、いったん下がり始めると非常に修正が難しくなります。

　では、この理科＞英語になっているかどうかの判断ですが、それは学習時間が大きな要素を占めますがそれだけではありません。例えば1週間の学習時間が授業も含めて理科（化学）が30時間で英語が18時間の場合は明らかにこのケースと言って間違いないでしょう。

　しかし理科（化学）が30時間で英語が24時間の場合は単に時間だけでは判断できません。理科（化学）の勉強効率がよくなっている傾向ならば30時間の中身は非常に濃くなって成績も上がるでしょう。しかし、どうしても効率が上がらず、もしくは暗記に時間がかかってしまい30時間の中身が濃くはないがこの勉強を続けなければならない（やはりどの科目も偏差値が60に行くまでは絶対的な勉強時間が必要です）ときは話が別です。

理科（化学）に比べて英語の学習が身につき始めているならこの24時間のままでも大丈夫です。理科＞英語のまま学習を進めてもらいます。しかし、英語もまだ絶対的な総学習時間が必要なときは、やはり理科＞英語という時間配分は見直す必要があります。

　こうしたアドバイスは各科目の講師にはできません。講師はやる必要もありません。自分の教えている科目で生徒の成績を伸ばせばよいのです。しかし生徒の合格には全体のバランスを見ながらアドバイスするオーガナイザーがいなければなりません。その役割をするのが私です。

　短期間（半年）で偏差値を10から20上げるにはこうした「勉強ベクトル」を生徒と講師とアドバイザーで共有して、管理することが重要なのです。

PART 3

E判定から短期間で合格へ

▌E判定からの逆転合格？〜最初は誰でもE判定

　塾や予備校の宣伝文句で「E判定からの逆転合格」という言葉を耳にしたことがあるかと思います。これは「こうした合格はすごいことで、当校はそのような事例を出せる塾・予備校です」ということの宣伝です。

　この文言（キャッチコピー）は頭に残りやすく、インパクトのある言葉ですね。確かにE判定から医学部へ合格することは奇跡的であるかのように思えなくはないですが、果たして本当にそうなのでしょうか？

　実はこのことは（一般には驚かれるかもしれませんが）私の中ではごく普通のことです。誰でもスタートはE判定のはずですから。ですからE判定の時点からどれだけ短期で合格するかが大事なのです。この期間が3か月の人もいれば10年かかる人もいます。

　つまり、受験勉強をしていない生徒が模試を受けて、医学部合格の判定を下されるならほぼ全員がE判定ではないでしょうか？例えば、3浪の末に医学部に合格した生徒の成績ですが、この生徒が高3のときに受けた模試での判定結果はほぼ間違いなくE判定でしょう。

　つまり、誰でもはじめはE判定のはずです。ですから、「逆転合格」のスタート地点を明確にしなければなりません。

　一般的には**受験する年に受ける最初の模試**がこれにあたると思

います。この模試を受けた年の1年間を受験業界では「受験年度」（受験学年）と呼んでいます。

エースメディカルみなとみらいではこの「受験年度の1年間」でけりをつける、という言葉を10年以上前の開校時に宣言しました。今ではどこの予備校もそのようなことを言い出しています。当校が実績を積み重ねてきたのを見て、他塾、予備校も「本気」になってその方法を確認できたのかもしれません。しかし、当校は先駆者としてのプライドやノウハウがあります。

「E判定からの逆転合格？」に話を戻します。この「受験年度」から考えると、高校3年生なら、5月に受ける第1回全国模試（記述式・マーク式）の結果がE判定だったら「逆転合格」ということになります。

私は「エースメディカルみなとみらいの合格者の多くは受験年度内にE判定から成績を上げていって合格をつかみ取った生徒である」というデータを持っています（実例データは後述）。

ですから、生徒には常々「模試の判定が悪くても一切気にするな」と話しています。特に受験日まで半年以上ある5月や8月の模試でのE判定には「まったく関係ない」と指導しています。

また志望大学と判定大学のずれ、もあります。例えば、「東海大学医学部」に最終的に合格した生徒が5月の模試の判定で「慶応大学医学部」の判定がEだった場合です。「東海大学医学部」の判定がEならば「逆転合格」になるかもしれませんが、「東海大学医学部」の判定がB判定だったとしても「E判定からの合格」の部類に入ってしまうのでしょうか？　こうした点を明確にしないで「E判定からの逆転合格」と言っても意味がないことがおわかりいただけたでしょうか。

「受験年度」に絞ってエースメディカルの受験生について調べてみました。例えば、ここに2022年度・第1回全統記述模試の当校の生徒の個人成績表があります。志望校別成績・評価の欄を見てみましょう。

①聖マリアンナ医科大学：総志望者数889人のうちE判定は615人以上。（69.1以上）

②東海大学（医）：総志望者数749人のうちE判定は638人以上（85.1以上）

③北里大学（医）：総志望者数1068人のうちE判定は785人以上（73.5以上）

　ですから、受験者のほとんどの人がE判定であることがわかります。当校の生徒で、この年にE判定を受けていながら本番の1次の筆記試験に合格した人の数を見ると、聖マリアンナ医科大5名中2名（60％）、東海大8名中4名（50％）、北里大2名中2名（100％）です。

　この時期、志望校に受験生がどれだけこだわっているかはあいまいですし、特に高3生は5月の成績などほとんどあてにならないことを考えると「E判定からの合格」は奇跡ではないし、不自然なことではないことがおわかりいただけたかと思います。

　確実に成績を上げれば医学部には受かるのです。模試の成績や判定が悪くてもがっかりしないでください。こうした医学部独自のノウハウを知らずに模試の判定だけでダメ出しをしてくる高校の進路指導の教師や塾の講師の言うことなど、まったく聞く必要がありません。それよりもできなかったことをしっかり復習して少しずつでも入試当日というゴールにつながる勉強をしてください。そのお手伝いをするのが当校をはじめとした塾や予備校のあるべき姿であると思います。

「E判定からの逆転合格」という宣伝文句を掲げる塾や予備校は、本当に合格者の分析をしていないのか、その生徒しか合格者がおらず本当に奇跡的だったということでしょう。

　では実例をご覧ください。実際の成績の動き（判定）と合格状況です。エースメディカルみなとみらいの生徒では受験年度（受験日より1年以内）にE判定を取っている生徒が大多数です。10

月の模試でもまだE判定ですが、本番ではしっかり合格する生徒がほとんどです。この生徒たちは志望校の判定がEでしたが、その後の努力でしっかり合格を手にしています。

....

　昨年度の生徒で「E判定からの合格」を果たしたエース生を集めてみました。ここでは3名を取り上げます（完全版（7名掲載）は当校HPで限定公開しています）。

①E判定のまま、岩手医科大学、杏林大学（医）、東北医科薬科大学（医）、埼玉医科大学（前期・後期とも）、獨協医科大学、東京女子医科大学、聖マリアンナ医科大学（前期・後期とも）に合格

■2022全統記述模試
名前：KIさん（2浪生）　進学先：聖マリアンナ医科大学

科目	第1回（5月）	第2回（8月）	第3回（10月）
英語	59.5	55.3	60.5
数学（Ⅲ型）	55.6	60.7	53.7
理科　化学	53.4	62.8	63.0
理科　生物	58.0	61.8	58.6
総合1　私理	56.6	60.2	59.0
総合2　理系	57.7	59.6	59.1

志望校と判定

第1回（5月）		第2回（8月）		第3回（10月）	
東京医科大学	E	東京医科大学	E	東京医科大学	E
東邦大学	E	東邦大学	E	**杏林大学**	**E**
順天堂大学	E	**杏林大学**	**E**	東邦大学	E
北里大学	E	北里大学	E	日本医科大学	E
埼玉医科大学	**E**	川崎医科大学	D	北里大学	E

岩手医科大学	E	順天堂大学	E	聖マリアンナ医科大学	E
東京女子医科大学	E	昭和大学	E	岩手医科大学	E
東京歯科大学	C	東京歯科大学	C	川崎医科大学	D
鶴見大学　歯	A	鶴見大学　歯	A	東京歯科大学	C

②E判定のまま、東京医科大学、日本大学（医）、金沢医科大学、杏林大学（医）、岩手医科大学、北里大学（医）に合格

■2022全統記述模試
名前：YIさん（1浪生）　進学先：金沢医科大学

科目	第1回（5月）	第2回（8月）	第3回（10月）
英語	55.6	53.4	58.2
数学Ⅲ型	66.8	69.8	62.8
物理	57.0	59.8	60.5
化学	57.4	72.8	63.0
私理	59.2	64.0	61.1
理系	59.9	65.3	61.3

志望校と判定

第1回（5月）		第2回（8月）		第3回（10月）	
慶應義塾大学	E	慶應義塾大学	E	日本医科大学	E
東京慈恵会医科大学	E	日本医科大学	E	東京慈恵会医科大学	E
昭和大学	E	東京医科大学	E	昭和大学	E
日本大学	E	東邦大学	E	東京医科大学	E
近畿大学	E	日本大学	E	日本大学	E
東邦大学	E	近畿大学	D	聖マリアンナ医科大学	D
金沢医科大学	E	聖マリアンナ医科大学	C	東海大学	E
東京女子医科大学	E	東京女子医科大学	C	埼玉医科大学	D
川崎医科大学	D	川崎医科大学	B	川崎医科大学	C

③E判定のまま、聖マリアンナ医科大学、東海大学、東北医科薬科大学、藤田医科大学に合格

学力の上げ方編

■2022全統記述模試

名前：ISさん（現役）　進学先：聖マリアンナ医科大学

教科・科目	第1回（5月）	第2回（8月）	第3回（10月）
英語	70.8	74.4	67.9
数学　Ⅲ型	52.2	52.8	53.7
理科　化学	49.9	58.7	57.2
生物	64.8	72.7	58.0
総合　私理	59.4	62.8	59.2
総合　理系	62.6	66.6	59.9

志望校と判定

	第1回（5月）	第2回（8月）	第3回（10月）
第1志望	横浜市立大学医学部 E	昭和大学　　　　　D	昭和大学　　　　　E
第2志望	岩手医科大学　　　E	東邦大学　　　　　D	東邦大学　　　　　E
第3志望	順天堂大学　　　　E	東海大学　　　　　D	順天堂大学　　　　E
第4志望	国際医療福祉大学　E	順天堂大学　　　　E	東海大学　　　　　E
第5志望	昭和薬科大学薬学部 A	聖マリアンナ医科大 C	聖マリアンナ医科大 E
第6志望	自治医科大学　　　E	自治医科大学　　　E	東北医科薬科大学 E
第7志望	昭和大学　　　　　E	国際医療福祉大学 C	岩手医科大学　　　E
第8志望	東邦大学　　　　　E	東北医科薬科大学 E	昭和薬科大学 薬学部 A
第9志望	東北医科薬科大学 E	岩手医科大学　　　C	慶應義塾大学 看護医療学部 看護 B

　エースメディカルみなとみらいのE判定からの昨年の合格者の例を見ました。**E判定でも受かるのは当然！**ということがおわかりいただけたと思いますが、実際にどのようにして合格を手にするのか見ていきましょう。

　先述しましたように、この「1年」というのは4科目受験勉強期間です。一般的に中学生が1年間死に物狂いで勉強しても医学部には受かりません。ですから、この1年というのは「受験生としての1年」です。具体的には「高2終了時点の学力」ということです。この「最後の1年」をいかに効率よく進んでもらえるか

が塾や予備校の腕の見せどころでしょう。

　エースメディカルみなとみらいでは、高卒生で当校に来る以前に別の予備校に通っていた人も、自宅学習で浪人生活を送っていた人（宅浪生）も、今年から当校に入学した人も、とにかく**ラストの１年にしてもらうのが原則です。**

　高卒生の場合、受験に失敗する理由は２つしかありません。一つは「学力が足りない」という理由です。また、もう一つは「精神的なもの」です。細かく見ていきましょう。

学力の上げ方編

PART 4

医学部に受からない2つの理由

その1　学力不足

　これは単純に入試問題が解けなかった、ということです。医学部進学相談会などでよく聞かれる質問に「医学部入試に必要な学力はどの程度ですか？」というのがあります。答えは割と明確で「河合塾の全国模試で総合偏差値65です。これくらいあれば3校受験すれば、まず1校は受かります。ですからそれくらいは必要です」と答えます。この偏差値はもちろん高1生や高2生を対象とした模試ではなく、高3生と浪人生を対象としたその年に受験する生徒を母数とした模試での総合偏差値です。

　総合偏差値は4科目のものですから、1科目62であってもほかの科目で68取れていれば65になります。科目のばらつきが多少あっても平気ということです。

　しかしどうしても苦手科目があり偏差値が50に届かない科目があれば、もう、ほかの3科目で恐ろしく頑張ってもなかなか総合偏差値が65には届きません。

　ですから、まず、偏差値65に届いていない科目があればその科目の学力が不足していることになります。

　この偏差値65という評価は8月と10月の模試で判断します。なぜ5月の模試はカウントしないのかですが、高卒生の場合、5月の模試では偏差値が実力より高く出る傾向があるからです。それは、5月の模試の問題は基本的なものが多く、また、まだ大学

受験をしていない高 3 生にとっては初めて受ける全国模試ですので、高得点はあまり期待できません。そうした状況ですから、一度以上、入試本番を経験している高卒生にとっては高得点も取りやすく、相対的に偏差値が高めに出るのです。

その 2　精神的なもの

　模試の総合偏差値が65を超えていても、その年の医学部受験で 1 次試験（筆記）に 1 校も引っかからなかった、という事例もあります。受験校は平均すると 7 ～ 8 校受けますから、1 ～ 2 校は 1 次試験で引っかかってくるはずです。しかし、そうはならないことがあります。つまり学力は十分足りているのにそれが答案に生かし切れない理由があるのです。

　答案に実力通りの学力を反映させれば合格するはずなのにそれができない生徒の原因は、私の経験上「精神的なもの」です。

　そうした生徒に後日ヒアリングしてよく聞く発言は、「試験開始前から極度に緊張して、おなかが痛くなって、それどころではなかった」、「途中で計算ミスに気がついて焦ってしまい、そこから冷静な判断ができなくなってしまった」、「問題を見て、苦手な範囲だったので、手が震えてしまいうまく思考回路が働かなくなった」、「試験当日になぜかいつも通りの自分でなくなっていて、試験時間中のことはよく覚えていない」、「ずっと不合格が続き、落ち込んでいて、もう受かる気がしなくなっていた」などです。

　こうしたことは「精神的なもの」と言ってよいでしょう。もちろん学力自体とリンクすることも多く、学力が上がれば改善するものもあるのですが、もう学力的にはあまり問題のない生徒にとっては特別な対策が必要になることもあります。

　エースメディカルみなとみらいには心理カウンセラーの先生がいます。当校の開校から10年以上ずっと生徒のバックアップを

続けてきてくれた先生です。彼とこの「精神的なもの」への対処方法を模索しているのですがその決定打はありません。一人ひとり、原因も症状（？）も程度も違います。地道に一人ずつ対処していくしかありません。

　そのためには「セルフコントロール」「モチベーションアップ」などの講座と１対１のセッション（コーチング、カウンセリング）が必要です。

　そのセッションのなかで、試験前に深呼吸する、肩や首をほぐすといった簡単なもののやり方などを習得してもらい、自分がリラックスできる手順をノートに書き出し、普段からそれを実践してリラックスできるようにして、当日もその手順通りやる、といったことや、「不安なことを片っ端からとにかく話してもらう」といったことを地道にやって改善につなげていきます。

　その上で、「パニックになって頭が真っ白になる」という事態を避けることや、仮にそうなったとしてももう一度自分を取り戻すことができる方法を習得してもらいます。

受験期前の勉強編

（主に現役生）

「最後の１年」にたどり着く前までには現役生（高３）や高卒生や社会人のパターンで多少違いがありますが、それぞれ**最後の１年に必要な準備段階の勉強**を見ていきましょう。

現役生のパターン

現役合格のカギは高３の５月に行われる河合塾の全国模試（記述式）でどれだけ成果を出せるかです。私はこの時期の模試の結果を「その年で合格するのに順調であるかどうか」のバロメーターにしています。この時期の模試では、まだ一度も受験を経験していない高３生にとっては高得点を取るには高いハードルです。ですから、逆にこの模試で高得点、高い偏差値が取れればその先が見えてくるのです。そのために、この高３の５月の模試を意識して、高１高２を過ごすことができているかが医学部を狙う生徒にとって大切になります。

PART 1

当校の現役生の合格状況

　高３生は高２生の２月に「土日クラス選抜テスト」という英数２科目のテストがあります。このテストで基準点を超えると晴れて「土日選抜クラス生」になり、４月からの超少人数クラスのメンバーとしてこのコースにしたがって合格を目指します。

　最大定員は10名で２クラスで授業が進むのですが、このコースからの合格率は圧倒的で、当校の看板コースになっています。

　このコースの生徒の直近２年間の合格例をご紹介します。メンバーは２年間で合わせて15名、最上位クラス（Ｎクラス）４名、難関校クラス（Ｓクラス）10名、オンライン１名です。この２年間の15名は全員が１次試験を突破し、最終的に11名が医学部に現役で進学しました。

国公立・私立医学部最上位（御三家）の現役合格を狙うクラスの生徒の結果

1	横浜市立大学医学部進学：Ｋさん（Ｆ学院高校卒）：高1より通塾
	その他の合格校：聖マリアンナ医科大学、北里大学（医）、東海大学（医）、昭和大学（医）、東京医科大学、順天堂大学（医）、東京慈恵会医科大学 1次合格：慶應義塾大学（医）
2	東京慈恵会医科大学進学：Ｙさん（私立Ｋ高校卒）：高2より通塾
	その他の合格校：北里大学（医） 1次合格：慶應義塾大学（医）、順天堂大学（医）

受験期前の勉強編（主に現役生）

3	順天堂大学医学部進学：Nさん（私立C高校卒）：中3より通塾
	その他の合格校：日本医科大学、順天堂大学（医） 1次合格：防衛医科大学校
4	東邦大学医学部進学：Aさん（私立K学園高校卒）：高1より通塾
	その他の合格校：聖マリアンナ医科大学、杏林大学（医） 1次合格：帝京大学（医）

私立医学部上位の現役合格を狙うクラスの生徒の結果

1	東邦大学医学部進学：Sくん（私立S学院高校卒）：高2より通塾
	その他の合格校：東京慈恵会医科大学、昭和大学（医）、東京医科大学、聖マリアンナ医科大学、杏林大学（医）、帝京大学（医）、東海大学（医）、埼玉医科大学（一般・共通テスト利用）、獨協医科大学
2	国際医療福祉大学医学部進学：Hさん（私立K学園高校卒） ：高2より通塾
	その他の合格校：国際医療福祉大学（医）、愛知医科大学、東北医科薬科大学（医）、聖マリアンナ医科大学、杏林大学（医）、東海大学（医）、北里大学（医）、1次合格：昭和大学（医）
3	東邦大学医学部進学：Yさん（私立T高校卒）：高1より通塾
	その他の合格校：東海大学（医）（総合型入試・希望の星）
4	聖マリアンナ医科大学進学：Sさん（私立T高校卒）：高3より通塾
	その他の合格校：東海大学（医）（一般・神奈川県地域枠）、藤田医科大学、東北医科薬科大学（医）
5	杏林大学医学部進学：Tさん（私立T高校卒）：高2より通塾
	その他の合格校：杏林大学（医）、東海大学（医）、帝京大学（医）、北里大学（医）
6	杏林大学医学部進学：Iさん（私立K高校卒）：高2より通塾
7	東邦大学（医）（総合型入試）、東海大学（医）（総合型入試・希望の星）合格：Nさん（私立S学園高校3年）：高2より通塾
8	東海大学（医）（総合型入試・希望の星）合格 ：Sさん（私立C高校3年）：高3より通塾

9	東京女子医科大学合格：Tさん（私立T高校卒）：高2より通塾
10	金沢医科大学合格：Kさん（私立A高校卒）：高3より通塾

オンライン生

東海大学医学部進学：Aさん（私立N高校卒）：高3より通塾
その他の合格校：獨協医科大学（共通テスト利用）、杏林大学（医）（共通テスト利用）

　以上をまとめると、

中3・高1から当校に通塾を始めた生徒が現役合格した医学部
横浜市立大（医）、慶應義塾大学（医）、東京慈恵会医科大学、順天堂大学（医）、日本医科大学、防衛医科大学校、昭和大学（医）、東邦大学（医）、杏林大学（医）、帝京大学（医）、聖マリアンナ医科大学、北里大学（医）、東海大学（医）、東邦大学（医）（総合型入試）、東海大学医学部（総合型入試・希望の星）

高2から当校に通塾を始めた生徒が現役合格した医学部
東京慈恵会医科大学、慶應義塾大学（医）、順天堂大学（医）、国際医療福祉大学（医）、昭和大学（医）、杏林大学（医）、帝京大学（医）、聖マリアンナ医科大学、東海大学（医）、北里大学（医）、愛知医科大学、東北医科薬科大学（医）、東邦大学（医）（総合型入試）、東京女子医科大学、東海大学（医）（総合型入試・希望の星）

高3から当校に通塾を始めた生徒が現役合格した医学部
東京慈恵会医科大学（1次のみ）、昭和大学（医）（1次のみ）、東京医科大学（1次のみ）、聖マリアンナ医科大学、杏林大学（医）、帝京大学（医）、東海大学（医）、埼玉医科大学（一般・共通テスト利用）、獨協医科大学、金沢医科大学、東海大学（医）（総合型入試・希望の星）（1次のみ）

高3からオンラインで当校に通塾を始めた生徒が現役合格した医学部
東海大学（医）、獨協医科大学（共通テスト利用）、杏林大学（医）（共通テスト利用）

受験期前の勉強編（主に現役生）

こうした結果から、国公立や御三家（慶應義塾大学医学部、東京慈恵会医科大学、日本医科大学）に現役で合格するためのルートとしては、やはり高校1年生（以前）から徐々に始め、高2生ではしっかりルートに乗ること。高3生になってからのスタートで最終合格するのははかなり厳しいという結果になっています。

PART 2

高3生になる前にやっておくべきこと

　現役で医学部に合格するコツは「高３生の春以前に英語と数学をかなり進めておく」ということです。特に数学では、一般的な学校の進度に合わせていると現役合格はかなり難しいでしょう。超進学校の数学のカリキュラムでは、高校２年までに高校の標準的な内容を終了します。つまり数Ⅲまでを終わらせていて、高３ではすべて演習の授業になります。

　これに比べ一般的な進学校では数Ⅲが終わるのは夏くらいです。秋から演習ではなかなか入試には間に合いません。私立大学の医学部では共通テスト直後から入試が始まるので、十分な演習時間は残されていません。進学校でない高校のカリキュラムでは数Ⅲが終わるのが10月〜11月というところもあり、これに合わせる学習計画では、受験はかなり厳しくなってしまいます。

　英語についても同様です。数学と英語は学習科目の性質上、すぐには点数が上がりません。学習と得点の伸びに大きなタイムラグがあるのです。例えば高３生の４月から必死に英語の勉強を始めたとして、その伸びがテストの点で表れ始めたり、授業でのやり取りで教師がその生徒の伸びを実感できるには、少なくとも２〜３か月はかかります。結論を言うと、この「伸び」を高３になってから経験するのとそれ以前の高２の時期で経験するのとでは大きな差があるのです。

　エースメディカルみなとみらいでは、この「伸び」に大きく着目しています。つまり高１から高２の間に「英語で頭一つ抜ける」学習に特化します。

私は高校生活を受験勉強のみで塗りつぶしてしまうことには賛成しません。一生に一度の高校生活ですから、部活、生徒会、委員会、友人との集団生活といった側面でも学校生活を充実させてほしいと思っています。

　しかし、そうした生活を送りつつ、進度の遅い学校のカリキュラムに合わせた勉強では医学部に現役合格することはかなり難しくなります。さらに、塾や予備校に通うとすればその負担も大きくなります。そこで私が取る作戦は「高校1、2年生の間の受験勉強は英語と数学に絞る」ということです。そうすることで、学校での勉強、部活、友人関係といったものとの調整がつきやすくなります。エースメディカルみなとみらいの生徒はこうしたことを頭に入れて通塾しているので、挫折することなく最後まで進むことができるのです。

PART 3
高1生のパターン

高校受験をして新しい高校に通う生徒と中高一貫校の生徒とでは、スタート時期が少し変わります。

新しく高校生活を始める生徒の場合のスタート時期

受験をして合格した高校で新しく生活が始まり、通学手段、学校での教師、友人関係などが中学校のときとは一変してしまう場合は要注意です。

ただでさえ本人は自分の立ち位置を確立しようといろいろな方面に気を遣っています。この時期には毎日がかなり「いっぱいいっぱい」です。つまり少し無理をしてしまっているので本人も家族も気がつかないうちにストレスがたまっているのです。しかし、一般的に、新しいことが始まると人はわくわくし、希望を持ちチャレンジ精神がどんどん生まれます。

私は、このような「気持ちが先走りしてしまっている状態」では、生徒に新しい習い事や塾などでさらなる負荷をかけることに反対です。新しい環境に適応して、生活が落ち着く（少なくとも）夏までは、新しい生活に慣れることや学校のテストでいい点を取ることに重点を置いた方がよいと思っています。

高校生活が順調に進み、少し余裕が出てきたら少しずつ受験を意識すべきです。高校で行われる大学の説明会やオープンキャンパスなどに参加すべきです。そうした体験を持つことで医学部に興味を持つかどうかが重要です。受験学年になって医師の志望動

機を考えるときに、説得力のあるものになるかどうかに影響します。

医学部受験から少し話が離れますが、塾・予備校業界では「高校1年生女子の夏は注意が必要」ということが職員間で共有されています。実際によくあるケースをお話しします。

ある女子の例です。中学生のときは、とてもおとなしくまじめに勉強を頑張って第一志望の高校に合格しました。高校生になっても通塾してくれます。しかし、1学期の半ばあたりから服装が派手になり、夏休みとともに髪を染めピアスをあけます。

担当教師が心配して、保護者の方に連絡を取ると、娘の行動がつかめない、友達と一緒にいるようだが帰りがどんどん遅くなり心配であるなど、ご家庭でも困惑している場合がほとんどです。

塾に来た際に本人とも話しますが、本人との面談では以前に比べて言葉遣いも乱暴になって少し反抗的になっていることが多いです。こうしたことは、もちろん人間の成長過程の一部であり不自然なことでは決してありません。ご両親に心配をかけないこと、羽目を外し過ぎないこと、などを話します。実は一番言いたいことは「友人を選んでいますか？」ですが、私の経験上これを言うと100％反感を買ってしまい、信頼関係も一瞬にして崩れます。

ですから、私たちとご家庭で本人を見守るしかありません。このまま夏を乗り切って、生活が少しずつ安定していく生徒がほとんどです。しかし、なかには2学期が始まってもその傾向が変わらず、塾に来なくなりそのまま退塾してしまう生徒もいます。

その後の本人の様子が私の耳に入ってくることがあります。たいていは「あの子やばい」です。それを聞くととても残念な気がします。人にやばいと言われる生活スタイルを本人が望んでいるならそれでよいのかもしれません。人生は長いですから。しかし、ご両親や心配している友人のことを考えるとやはり残念です。

高校1年生の夏からの変化には気をつけていきたいと思います。

話をもとに戻します。

　高校１年生の夏に大学説明会やオープンキャンパスに参加して医学部に進学することを目標にしたら、ここからが受験勉強のスタートです。

　エースメディカルみなとみらいの**受験必勝法**は「**高１、２年生で英語・数学をぶっちぎる**」ですから、この２科目に絞って学習をスタートします。

　まずは**学校の授業**をしっかりと学習します。学校のテストでもいい点を取ってください。後述しますが、「推薦入試」や「総合型入試」では学校でのテストをもとにした内申点が評価の対象になります。少なくとも高１の間は学校のテストを重視してください。

　しかし、「学校の授業についていけなくなってしまった」とか逆に「学校のペースが遅くて不安」である場合は通塾を考えるべきでしょう。

　では、高校生を対象にした**塾のスタイル**についてお話しいたします。

　まず大きく２つに分かれます。一つ目は「**大手予備校（オンライン含む）：駿台、河合など**」で、二つ目は「**それ以外の塾・予備校**」です。これは主に通塾人数と１クラスの人数で分けています。

　つまり、大手予備校では集団クラスの人数が、その他の塾・予備校より多くなります。

　次に授業の形式ですが「集団クラス授業」と「個別マンツーマンの授業」に分かれます。どちらのスタイルもある塾・予備校と、どちらかに特化している塾・予備校があります。

　また、大学に特化した東大専門塾や早慶専門塾もありますし、科目に特化した英語専門塾や数学専門塾は多数存在し、小論文や化学の専門塾もあります。また、入試に対応した推薦入試専門塾や、編入専門塾もあります。

　医学部受験生の間では**医学部専門予備校**の存在も常識でしょう。医学部専門予備校はその名の通り医学部進学を目的とした塾・予

受験期前の勉強編（主に現役生）

備校です。しかし、一部には「医学部専門予備校」と謳いながら、「歯学部・看護学部・薬学部」なども対象にしており「医学部専門」と矛盾しているところもあり、注意が必要です。つまり、その塾・予備校に医学部に特化した専門性が存在しているわけではないということを表しています。

　エースメディカルみなとみらいは医学部専門予備校ですが、当校の現役生合格者のなかでやはり高１から通学した生徒が国公立や御三家といった第一志望校に合格する割合が高くなっています。その時期は、生活が落ち着いてくる夏から秋が一番よいタイミングです。

　では、高１ではどのような勉強をしているのか？ですが当校では「週に１回１科目」が標準です。１回あたり80分のマンツーマン授業です。「週１回でいいのか？」と不安に思われる方が多いのですがこれで十分です。高１の間から塾で３科目、４科目を学習してそれをこなせる生徒はそもそも塾に行かなくても自分でできる生徒ではないでしょうか？　私はこれまでに「医学部を目指すので高１の間から４科目を受講して週に３、４日通塾」して挫折していく生徒をたくさん見てきました。

　まずは生活を安定させることが最優先です。生活のリズムに必要な休憩時間や学校生活とそれに付随することにかかる時間を除くと受験勉強の時間をどれだけ確保できるでしょうか？　医学部受験に理想を言ったらきりがありません。できる範囲でしっかりと足元を固めていくのが大事です。そこで最低限必要な「週１で１科目」という作戦をとっているのです。

中高一貫校の生徒のスタート時期

　これは先の新しく高校生活を始める生徒とは少し違います。生徒は中１のときから友人関係を作っていて、学校の先生も高校になってから初めて出会う先生も当然いますが、知り合いの先生も

多数いるはずです。校舎も大きく変わることはありません。そうした環境では、新しい環境に適応するのにそれほど大きな時間を必要とすることはありません。むしろ慣れが出てきて、生活がだれてしまうこともあるかもしれません。特に**進学校では中3の時期に数学ⅠAを終わらせてしまう**のが普通なので、それに合わせて中学生のときからのスタートを勧めています。

エースメディカルみなとみらいから現役合格した者からも「もっと早くから来ていればよかった」という声が多く聞かれます。

スタートするのが中学生の場合は「週1回1科目」で十分だと思います。マンツーマンで70分の授業です。

高1生の場合は、先述したように1回あたり80分のマンツーマン授業です。先述の例と違うのは、高1の間に2科目の受験勉強を進めたいというところです。医学部に必要な英・数・理科2科目の合計4科目を受講する必要はありません。しかし、数学は学校のカリキュラムが早い点、英語は帰国子女など学力の高い人もいる点を考えて、この2科目に関して苦手意識を絶対に持ってほしくないからです。

高3進級時までの目標とスタート時点の違い

当校では入塾テストはありません。どのような生徒さんも学力を伸ばすことに自信があるからです。入会時点では生徒さんの学力はバラバラですが、高3進級時には全員が合格に必要な最低限の力は持っていることになります。高3の「土日選抜クラス」に入るには**選抜テストに合格する必要がある**からです。このテストに合格するにはある一定のレベルに達していないとダメなのです。

ですからここから逆算して、入会時からこの選抜テスト実施までに必要なことを授業で埋めていきます。入会が早ければペースは割とゆっくりですが、入会が遅いとその分スピードが早くなり、家庭での学習も多く必要になります。

高1生のポイント〜当校の合格へのルート例

[戦略]

・新生活に慣れること
・オープンキャンパス・大学説明会などで大学を知っておくこと
・学校の成績を上げること
・受験勉強は英語と数学のみでよい
・英語・数学以外の教科は点が悪くても気にしないこと

[戦術]

① 冬までに英語をグングン伸ばして得意にすること
② 学校の授業をうまく利用すること（特に国語）
③ 自分の考えを表現する練習をすること
④ 医療関係の本を読んでおくこと

[当校の現役合格へのルート例（高1生）]

① 現時点での学力を知ろう ＝ 無料で学力診断テスト

都合のよい日に英語・数学・（国語）のテストを受けてください（各科目40〜50分）

② 受験への戦略を立てよう
　　＝ 個別に学習アドバイス（後日結果をもとに）

・テストで浮かび上がった「全国の上位者の基準」からの乖離を判定
　→ 弱点の克服プログラム作成：これまでのエースメディカルからの合格者のデータをもとに、トータルな攻め方をアドバイス

・戦略科目の決定
・共通テストを見据えた英語・数学の学習のアドバイス
・学校のカリキュラムの把握と分析
・保護者の方にも最新入試情報を提供します
・合格の実例・ダメな例など独自の分析を交えながら説明します

③ エースメディカルで取る授業を決定しよう ＝ マンツーマンは2科目まで無料体験可能

・担当・学習時間・日程・内容の決定
・1科目からスタートできます

④ 一人ひとりの学習計画を作成 ＝ 授業外の指導の徹底が合格のカギ！

課題表は毎日書いてもらいます。それを提出してもらい学習管理をします

⑤ 通塾開始

講習会は授業料のみしかいただきません（入会金・施設費・教材費はかかりません）

⑥ 課題テスト（授業外指導）

塾生は取っている科目数にかかわらず英語と数学の課題テストを毎週受けなければなりません。最終的に4科目以上の高い学力が必要になるからです

⑦ 自主管理表提出と面談（授業外指導）

塾生は取っている週ごとに自主管理表（目標・計画・実施状況）を提出しなければなりません。「塾に来ていれば成績が上がる」わけではありません。毎日の生活と学習状況をチェックして、定期的に個

受験期前の勉強編（主に現役生）

人面談・アドバイス・指導を実施します

⑧ 外部模試

学習状況によっては上位学年の外部模試を受験して実力を把握してもらいます

PART 4

高２生のパターン

　高１の終わりごろの１月中旬に**共通テスト**が実施されます。

　受験勉強を始めている人は、この試験を**英語と数学のみ受けて**みてください。受けると言っても当日に受けることは無理ですから、翌日、新聞やネットに掲載される問題を本番だと思って解いてください。そこからが高２生のスタートです。

　その共通テストの点数は**それほど重要ではありません**。順調にいけば、来年も同様に受験生としてではなく練習できますから。

　ではなぜ受けるのか？　それは**意識づけのため**と実力試しです。本番のレベルを本気で解いてみるという経験、また、その答え合わせをするという体験はとても重要になってきます。結果としての点数が平均を取れていればしめたものです。

　当校でも現役で国公立に合格する生徒は英語か数学のどちらかで平均点は取っています。

　そして４月に学年が上がり高２になるとほとんどの学校では文系コースと理系コースに分かれます。理系コースも私立コースや国公立コースに分かれたり、医学部コースがある高校もあります。

　ここで科目選択の話をしましょう。**受験に必要な理科２科目をどう選択するか**ということです。１科目は化学と指定されているのですが、あと１科目を**物理**にするのか**生物**にするのかということです。当校の生徒も（保護者様も）悩まれる方が多いのですがいくつかヒントを差しあげます。ご自分で選択なさってください。決して**イメージや学校の先生から勧められたという理由だけで選**ばないでください。

私の場合は**物理選択にあたっては、まず数学ができるか**、化学の計算問題が解けるかという点を目安にします。物理という科目の性質上、暗記と言うよりも覚えた知識を組み合わせて解答を導く作業が多くなります。暗記の上に成り立つ勉強ではなく、知識の応用、多面的な見方をする勉強が必要になります。**計算力は当たり前に必要です**。理系のセンスという、文系の人には致命的な言葉で説明される感覚を要求されてしまいます。

　また**得点分布も2極化します**。60点が平均点のテストの場合、90点ゾーンの組と30点ゾーンの組に分かれる傾向にあります。90点ゾーンの人は理系科目が得意な人のゾーンで30点ゾーンの人はどちらかと言えば文系よりは理系だという人と言ってもよいでしょう。

　物理を選択する際に「絶対に物理の方が好き」という理由でない限り私は生物選択を勧めています。

　現役時代に物理を選択したものの点が伸びず結局入試に失敗。浪人生になって当校に来て、**物理から生物に選択を変えて点が急上昇して合格していく生徒は当校では当たり前です**。ですから現役生のときには物理選択は慎重にしてください。くれぐれも積極的な理由のない、消極的理由で物理を選ばないでください。

　生物はほぼ暗記になります。60点が平均点のテストの場合、60点ゾーンを頂点に山を横にした形で人数分布が見られます。数学の不等号＞のような感じです。ですからなかなか飛び抜けて高い点を取ることは難しいですが安定して点を取れる科目になります。また、努力すれば確実に点が取れるので**「理系センス」を感じない人は生物にすべきです**。

　また、余談ですが、「まったく生物の知識がなくて医学部に来る学生を見かけますが、本当に医学を志しているのですかねえ？」と首をかしげる医学部教授もいます。

　また、逆に、大学によっては1年生の間に物理という科目もあり、物理を捨てて生物しか勉強しなかった学生はかなり苦労する

ようです（難易度は入試の物理の比ではないので、生物選択者は
物理受験者から教えてもらって、何とかするようですが）。

　話をもとに戻します。

　高２生の目標は英語と数学の完成です。模試の偏差値で60を超
えていたらこの基準でしょう。当校でも国公立や私立御三家に合
格する生徒は２年生のうちにこの２科目は偏差値で65を超えて
いきます。

　その学習の仕方ですが、まず最終ゴールを決めます。当校の場
合は２月の土日選抜クラスのテストに合格することです。

　この試験は英語と数学の試験で、マーク型と記述型の２種類で
す。マーク型は数ⅠA・ⅡBの範囲、記述型は数Ⅲまでが試験範
囲です。英語はリスニングの試験はありません。テストによって
合格基準点が違いますが７割から８割で合格です。難易度は受験
生向けの全国模試の夏レベルです。

　このレベルを高２の終わりの２月ごろに達成するのに必要なも
のを１年かけて埋めていきます。当校ではマンツーマンで教師が
本人の学力、学校などの忙しさ、精神状態などに、これからの伸
びを加味して３か月単位で計画を組みます。

　ここでマンツーマンとクラス授業を比較すると、私はマンツー
マンが効果を一番発揮するのは本人の学力が ①55以下である場
合か ②65以上である場合の２パターンであると思っています
（後述します）。

　マンツーマンのメリットは生徒の間違えるところをオンタイム
で把握できるのですぐに修正できるところ、生徒の弱点、未修単
元を知りながら指導できるので学習効率が飛躍的に上がることで
す。デメリットは、「目標のないマンツーマンは100％効果がな
いこと」です。「目標がない」とは、講師が「今日は何をやろう
か？」と言って授業が始まるスタイルや「苦手なところだけつぶ

そう」といったように実践目標がないまま、講師主導で授業が進む状態です。実践目標とは例えば「次の模試で偏差値を5上げる」といった3か月くらいで達成できる目標です。もちろんこの先の目標には「1年で偏差値を15上げる」「半年後の土日選抜テストに絶対に合格する力をつける」といった大きな目標があります。こうした実践目標を決めないまま、いくらマンツーマンの授業をしても「質問と解答」型の授業になってしまいます。

　また、これは塾業界の裏話ですが、マンツーマンの講師は、「その生徒が本当にやらなければならないことをやり切ることは少ない」ことがよくあります。

　具体的には「慶應義塾大学医学部に行きたい」という偏差値55の生徒のマンツーマンでは、慶應医学部に必要なことを授業でやるとかなりの負荷が生徒にかかります。はじめのうちは何とかなっても、それが続かない生徒もいます。

　すると講師はやるべきことを放棄してレベルを下げて授業をします。通常は、生徒から「わからない」という言葉が出たときにこのことが起きます。なぜでしょう?

　数学のマンツーマン授業で例えば「確率」の分野で躓いた生徒は、親や塾の責任者に「数学の確率がわからない」という発言ではなく「あの授業がわからない」もしくは「あの先生わかりにくい」という発言をするのです。それを聞いた親や責任者は、しばらく様子を見た後に担当交代という考えに行きつくことはよくあるのです。そうすると、担当講師はその生徒の指導から外れます。つまり、講師は生徒から「担当を変えてほしい」と言われると仕事がなくなるのです。

　時間講師は通常1年単位で生活を考えています。つまり、受け持った生徒やクラスを1年間担当することを念頭にして収入もあてにしています。つまり、途中で担当を外されることが続くと収入のダウンですから、それが続けば致命傷になってしまいます。

　ではどうするか?　生活を守るために、生徒の口から「わから

ない」と言わせないように生徒の満足度を上げる作戦に出ます。その一つが「授業のレベルを下げて、未消化感を少なくする」というテクニックなのです。

ですから、その生徒が本当に必要なことは学習していないことになるので志望校の合格に届くことはほとんどありませんが、授業の満足度は維持されます。ですから、マンツーマン指導の末に合格しなかった生徒が「受からなかったけど、先生はよかった」と発言する状況にはいい感情を持っていません。やはり合格させなければ意味がないと思うからです。マンツーマン講師は慎重に選んでください。また、生徒と講師の相性も、意外と重要です。特に女子生徒の場合。

話をもとに戻しましょう。

私が高2生までをマンツーマン指導にしている理由は、効果が絶大だからです。まず、高校2年生まではとにかく学校生活が忙しいです。定期テスト、小テスト、模試、部活、修学旅行、体験学習、課外活動、文化祭、体育祭と挙げ出したらきりがありません。しかもこうしたイベントも学校ごとに実施時期もさまざまです。そうしたなかで、全生徒に共通な画一的なカリキュラムを組むのは無理があります。

一人ひとりに合わせた計画が必要になります。学習のペースも深度も生徒一人ひとり違うのは当たり前ですのでそうしたオーダーメイドの計画が必要になるのです。

そして、ゴールから逆算して必要なことをそれぞれの時期に割り振って、目標を立てて実践していきます。この目標と達成度を生徒と指導講師とご両親と私で共有するのです。

受験期前の勉強編（主に現役生）

高2生の当校の方針

英語

　当校での授業ではセンターテスト、共通テストの過去問をベースにした**オリジナルテキスト**、医学部以外の大学の過去問（MARCHレベルから早慶）、医学部の過去問（典型的な問題）を使います。

　また、定期的にリスニング・英作文・英会話をまとめてネイティブの講師が指導します。

　当校で高2生が授業以外で使う参考書と問題集です。
　単語帳：『システム英単語』
　熟語帳：『英熟語ターゲット1000』
　文　法：『大学受験スーパーゼミ全解説入試頻出英語標準問題1100』
　読　解：『やっておきたい英語長文シリーズ』
　その他：英検準1級過去問

数学

　典型的な問題をマスターします。医学部以外の大学の過去問、医学部の過去問（典型的な問題）を単元ごとにまとめた**オリジナルテキスト**をメインにします。センターテスト、共通テストの過去問をベースにした演習を行います。

　当校で高2生が授業以外で使う参考書と問題集です。
　・『基礎問題精講』
　・『チャート式演習と解法』（青）

当校の現役合格へのルート例（高2生）

① 現時点での学力を知る（学力診断テストを受けて自分の位置を知る）

② 受験への戦略を立てる（個別に学習アドバイス）

・テストで浮かび上がった「現時点でできているはずのこと」からの乖離を判定する
　→まず、弱点の克服プログラム作成（当校ではこれまでのエースメディカルからの合格者のデータをもとに、トータルな攻め方をアドバイス）
・受験に有利な科目の選定（物理？　生物？　倫政？）

③ 一人ひとりの学習計画を作成（授業外の指導の徹底が合格のカギ！）

④ 受験勉強開始（通塾開始）

⑤ 課題テスト（授業外指導）

・塾生は取っている科目数にかかわらず英語と数学の課題テストを毎週受けなければなりません。最終的に4科目以上の高い学力が必要になるからです。

⑥ 自主管理表提出と面談（授業外指導）

・塾生は取っている週ごとに自主管理表（目標・計画・実施状況）を提出しなければなりません。「塾に来ていれば成績が上がる」わけではありません。毎日の生活と学習状況をチェックして、定期的に個人面談・アドバイス・指導を実施します。

受験期前の勉強編（主に現役生）

89

・学習状況によっては上位学年の外部模試を受験して実力を把握してもらいます。

高2生の入試のコツ

①高3の春までに**英語と数学**の「一応の完成」をしておくこと
（数学はできれば数Ⅲまで）
②国立狙いなら、高2のうちに高2の全国模試で**偏差値65以上**取ること
③英語を「同学年の中で頭一つ」抜け出すこと
④浪人するという考えは厳禁
⑤受験大学の過去問（赤本）を解き始めること
⑥国公立狙いの人は冬に古典をある程度やっておくこと
⑦他者の成績と比較し過ぎないこと
⑧新聞を読むこと

受験期の勉強編
（高卒生・高3生）

PART 1

高卒生の学習パターン

3月中〜前期の予備校の授業開始まで
：点検と計画作成・苦手科目の攻略

高卒生

　3月の中旬になって、正規合格を手にしていない高3生は、そろそろ来年度のことを考えなければならないでしょう。家族会議が開かれるかもしれません。その上で、補欠合格を待っているとしても、次の1年を浪人生として送ることになりそうだと思ったら、3月中にできることを始めましょう。

　まず、昨年度落ちた原因の分析から始めましょう。

　大学のなかには、聖マリアンナ医科大学や北里大学のように受験生に「得点開示」をしてくれる大学もあります。自分の手ごたえと実際の入試での状況が比較できるので、非常によい制度だと思います。しかし、その時期は5月以降です。ですからこの時期には利用できません。ここでは、昨年度の全国模試で取った偏差値を目安として使います。

　模試の性質上、春（5月）の模試はあまり関係ありません。夏（8月〜）の模試を見てください。

　ここで偏差値が55以下の科目があれば要注意です。その科目は、どうしても苦手意識がある科目ではないでしょうか。医学部の入試では私立は4科目受験が原則ですから、1科目でも苦手科

目があると大きな不利になります。

　次に英語と数学の偏差値を見てください。一度でも65以上の偏差値を取れていなければそれも要注意です。この2科目は合格の基本科目なので全国模試で一度も65以上を取っていなければ、本番でも65以上を取ることは難しいということです。

　つまり、本番で120％の力が出せていれば合格ラインに乗っていたでしょうが、昨年度はそうではなかった可能性が高いです。

　そうして、苦手科目を絞り出したらどこが弱かったかを総点検します。これには教科書や参考書の目次を使います。

　それぞれの目次の項目ごとに自分で成績の判定をつけていきます。その判定は ①やるべきこと、②達成度、③これからやらなければならないことです。

英語・文法でシミュレーションしましょう

英語・文法

　文法項目は目次順に1時制、2態、3助動詞、4仮定法、5不定詞……のように並んでいます。それぞれの目次に合わせて ①やるべきこと、②達成度、③今後やるべきこと、を見ていきます。

(具体例)

1 時制

①やるべきこと：時制の一致・完了形・時と条件の副詞節・未来を表す言葉。これは教科書や参考書の見出しになっていたり重要ポイントになっている項目で構いません。

②達成度は60％：これは、先のやるべきことを思い返して自分がどれだけマスターしているかの数値です。自分の感覚でも構いません。

受験期の勉強編（高卒生・高3生）

③今後やるべきこと：これは達成度の60％を100％にするために何をやらねばならないかを確認します。時制の一致については「まあ、大丈夫だな」、完了形では「未来完了が怪しいな。基本から暗記と理解が必要」、時と条件の副詞節は「何だっけ、全復習だな」、未来を表す言葉は「ピンと来ないな。これもやり直し」といった具合に自己確認をして、ノートに書き出します。その際に、どのようにやるのかをイメージします。例えば「完了形は、英文法の実況中継シリーズでまず復習。そのあとで『標準問題1100』でつぶそう」といった感じです。

　この「点検作業」を各科目一通りやってください。当校でも、この作業は入会したその日から始めてもらいます。1〜2時間で済む人もいれば、1日かかる人もいます。自分の実力を客観的に評価するのです。

　この点検作業が全科目終了したら、塾・予備校の講師と具体的な学習計画を作成します。春期講習が始まっている場合もあると思いますので、そのカリキュラムと合わせながら自分の苦手科目の克服を始めてください。

　焦る必要はないのですが、4月に塾・予備校の授業が始まるとその予習と復習に追われて、なかなか苦手科目の克服に当てる時間が取れなくなり、さらに苦手意識が強くなってしまうことだけは避けましょう。ですから、3月〜塾・予備校の授業の開始までにそれなりの手ごたえをつかむことが必要です。

　また、この時期に受験した大学の問題をもう一度解いておくことをお勧めします。大学によっては問題を持ち帰ることができる大学があります（昭和大学、東海大学など）。こうした問題（特に合格できなかった大学の試験問題）は見たくもないかもしれません。しかし、来年度の合格に向かって進んでいるのですからこ

の時期にしっかりと対峙しておくことが大切です。そこで、自分の弱点が見つかればしめたものです。落ち着いて解けばできた問題もあるでしょう。余白に残っている試験当日の計算ミスが見つかるかもしれません。そうして、①自力で本番で解けたもの、②計算ミスや勘違いなどの単純なミスで間違えたもの、③今も解けないもの、に分類しましょう。

　次に③をさらに、Aまったく手も足も出ずに解けないものか、B少しは見通しが立つものかに分けます。ここで、Aのまったく手も足も出ないものが受験で必要なものなのか、それとも、解けなくても命取りにならないものなのかを分類します。

　この時点では各科目の講師や先輩を利用しましょう。「これは難しいけど解けなきゃダメな問題」と言われたら、自分の実力との乖離を埋める作業が必要です。「これは満点阻止問題だ」とか「問題に不備がある」と言われたものは、この時期にはまったく気にしなくていいです。

　こうして、自分が受けた大学の受験問題で、今解くべき問題が選び出されるので一気にやってしまいましょう。

　この時期にこの先1年間をかけて浪人生活に入るので、心を新たにしてSNSはやめてしまうことをお勧めします。「受験期に入るので、1年間消えます」といったメッセージで済むはずです。

　また、受験勉強が進まない大きな理由の一つに、YouTubeなどの動画サイトで無為に時間をつぶしてしまうことが多いようです。

　ついついスマホをのぞき込んでしまう、ついつい気になる動画を見始めてしまう、ついつい関連動画を見てしまう、といった経験は誰にでもあると思います。

　気分転換になったり情報を得られるメリットがあります。私も勉強系のコンテンツを生徒に勧めることもあります。しかし、受験期に無計画にコンテンツを見ることはマイナス要因の方が大き

受験期の勉強編（高卒生・高3生）

くなることが多いと思っています。時間の無駄になることさえあるでしょう。

　当校では当校時から帰宅時までスマートフォンを預かり、原則、事務局で管理します。必要なときは5分という条件つきでお渡しします。受験生を見ると、成績のよい生徒はこのあたりも徹底しています。スマートフォンや携帯自体を持ってこない者や携帯会社を解約する生徒もいます。スマートフォンとは距離を置くべきでしょう。

▐ 4月〜7月：受験生スタート、淡々と進めよう。5月の模試の判定は関係ないが重要なデータになるので注意

　4月に入り、塾や予備校の授業が始まり新しい環境に入ります。この時期からゴールデンウィークまでは「様子見」の時期です。スムーズに新しい環境に馴染むようにしてください。特に変わったことをする必要はありません。塾、予備校のスケジュールに合わせて授業を受け、計画通り、淡々と勉強をしてください。3月からの延長線の生活を続けるのが原則です。

　5月にマーク型模試と記述型模試がありますが、ここでの判定結果はあまり参考になりません。しかし、目標として「5月の模試で偏差値65以上を取る」というのが、この時期のモチベーションになるのでそれに向けての勉強は大切です。

　ここで恐ろしいデータがあるのですが、それは「この時期の模試で受験する4科目のうち1科目でも偏差値45以下があると、その年の受験はかなり苦戦する」というデータです。

　これは当校のこれまでの生徒の模試のデータ分析をしていて気がついたことです。3回目の模試で総合偏差値が68あった生徒が一つも1次試験を突破できませんでした。

　講師間で入試のあとで行う反省会に向けて、落ちた原因を分析してみましたが、どうしてもよい成績ばかり目が行って「やはり数学ができなかったからかなあ」という結論を出そうとしていました。

　しかし、その年に合格できなかった生徒と合格した生徒をグルーピングして成績データを比較すると、ある共通項目が浮かび上がってきたのです。

　合格できた生徒とできなかった生徒の違いは「その年の模試で偏差値45以下があるかないか」という点でした。偏差値45というと平均点より10点下くらいです。主要4科目の偏差値を追っていくと、第3回目の模試で、たとえ偏差値65〜70を取っていたとしても、それ以外の模試で偏差値45以下が一度でもあると、その年は合格できていない、というデータが次々と見つかりました。これはなかなか恐ろしい事実です。つまり、「受験学年の5月の模試ですでに合格できない生徒がわかってしまう」ということです。もちろん例外はありますから、この模試で偏差値45以下を取っても絶望する必要はありません。

▌夏期：どれだけ自分の限界に挑めるか

　前期が終了し、夏期講習の時期になるとようやくその年の自分のペースがつかめてくるのではないでしょうか。ペースというのは生活のリズムであり、勉強の仕方です。

　睡眠時間はどのくらいがよいのか、ベストな食事の量と時間は？　運動を取り入れているか？　両親と話す時間を取っているか？　といったことからペースを組み立てます

　勉強に関しては、前期に伸びた分は前の年の頑張りの分だと思ってください。春からの成果が出るのは一般的に3か月後です。

　そうしたなかで、夏期講習がスタートします。この時期の目標

は自分の限界に挑む、ということです。

　私がこの業界に入ってから4半世紀が経過しました。アルバイトから始め、正社員、時間講師、塾の経営と形は変わりましたがこの期間ずっと生徒を指導する現場の最前線で仕事をしてきました。何事もそうですが、現場で感じる空気感というものはとても重要です。そこで成績を伸ばすのに必要なものは何かと問われたら私は「まずは勉強量」と答えます。

「受験勉強は量じゃない、質だ」という人がいます。受験に失敗し、当校の説明会などに参加される生徒さんや親御さんの口からよく聞かれる言葉です。以前に通っていた医学部受験の指導者に言われてきた言葉らしいです。果たしてそうでしょうか？　最初から効率のよい質の高い勉強ができればあまり問題はないのです。それができていないから成績が伸びないのです。それを克服するのには一定量の勉強時間が必要です。受験の現場にいない教務指導者が、生徒に学習指導をしたり受験アドバイスをするとこういうことになるのでしょう。実際に現場で生徒を教えている教師なら誰でも「量だ！」と即答するはずです。それは医学部受験には絶対的な量が必要だからです。量をこなした者のみが次の段階で質と言えるのです。

　教場では、授業内容を1回でマスターできる生徒とその逆で、繰り返し教え込んで、ようやく理解してくれる生徒がいます。しかし、1週間後、1か月後には「理解するのに何回かかったか」はまったく重要でなくなります。理解の後でどれだけ復習できたか、自分のものにできたかが大切なのです。ここにどれだけ時間をかけられたかです。そこに効率よく復習できた生徒とそうでない生徒の差は生じますが大きな差ではありません。それよりもその単元を10時間勉強できたか、それとも、2時間しかできなかったかの違いです。質よりも前に絶対的な学習量が必要なのです。

　話は変わりますが、医学部に進学した生徒たちは「医学部の学習は時間をかければ何とかなるものである」と気づくことになり

ます。すべての骨や筋肉の名前を日本語と英語とラテン語で暗記する。その働きとつながりを5項目ずつ暗記する、などなどです。そこには思考はそれほどいりません。**暗記のための絶対的な時間とそれをやり切る根性があれば何とかなります。**大学はそうしたことに耐えられる学生を求めるのです。そのため、難問と言われる入試問題を解くのに必要な、とてつもない量の生物の暗記や英語の知識を受験生に求める大学もあるのです。

そこで、この絶対的な勉強量の試金石になるのが夏休みです。

私はこの25年間、夏期講習の前に生徒一人ひとりと夏の40日でどれだけ勉強時間を取るかを宣言させています。

どのように決めるのかと言うと、「では夏の勉強時間のシミュレーションをしましょう。1日24時間です。ここから睡眠時間を引いてください」これがスタートです。睡眠時間は7〜8時間を取るように勧めます。私の受験時代は「3当5落（睡眠時間が3時間の受験生は合格し、5時間だと落ちる）」と言われ、合否を分ける要素に精神的なものが多く含まれていましたが、今ではその要素は確かに大切ですが、そこまでこだわらなくてよいと思います。

まあ、そうすると24−8で16時間が残ります。ここから通学時間、食事時間、音楽を聴いたり入浴するなどのリラックス時間を引きます。

例えば通学時間が往復で1時間半、食事時間が3食で1時間半、音楽を聴いたり入浴するなどのリラックス時間が2時間だとするとこれらの合計が6時間です。これを先の16時間から引くと10時間が残ります。これが1日の勉強時間になります。これに夏休みを40日としてこの期間の合計値を出します。**それは10時間×40日で400時間になります。これがその受験生が達成すべき勉強時間になります。**毎日休みもなく10時間を40日間、これはかなりきつそうに思えるかもしれませんが、実は医学部受験では当たり前のラインなのです。このラインは医学部どころか東大、早慶を狙う生徒の学習時間です。ですから**1日15時間を目標にして**

40日間、つまり600時間というのを当校では目安のラインにしています。

　当校ではもちろん一人ひとりと話をしてこの総時間を決めますから、620時間の生徒も、700時間の生徒も480時間の生徒もいます。その宣言した時間をもとにシートを作成して本人に手渡します。あとは本人が自分に鞭打ってやるだけです。

　時間枠を決めたら体調と生活リズムを整えて、毎日をこなしていくのです。それこそ体調を崩して、3日寝こむと45時間のロスになり、これを取り返すのはなかなか厳しくなります。規則正しく頑張ることも重要です。

夏の模試がよければ合格の土俵に乗っている

　8月には第2回目のマーク型と記述型の全国模試があります。私のこれまでの感触ですと、ここでいい偏差値を取った生徒はその年の入試で合格します。ですから、今後を占う意味で重要な模試になります。

　当たり前ですがここで思うような偏差値が取れなくても絶望することなく、反省してできるようにして勉強するしかありません。

9月～11月：苦手科目克服のラストチャンス、試験日程に左右されるな

　夏期に自分に打ち勝った生徒は学力も人間性も一回りも二回りも成長しています。夏期講習を乗り切ったら、少しお休みです。1、2日は自分の好きなことをする時間を多めに取ってもよいでしょう。でも受験が気になって心からリラックスはできないと思います。そんなときは無理に休まずに勉強しましょう。

　まだ暑い時期ですが9月から後期が始まります。ここからは受験までノンストップになります。塾・予備校の授業に合わせて

ペースをつかみつつ夏からの課題をこなしてください。**この時期は苦手科目克服のラストチャンスになります。**できないところをもう一度振り返り、できるように仕上げてください。

　また、この時期に来年度の入試カレンダーが出回ります。それを見て、やってほしくないことは「国際医療福祉大学の入試日は1月20日か、岩手医科とかぶるなあ。どっちを受けたらいいのかなあ。第一志望は国際だけど、岩手は押さえたいしなあ……どうしよう」のような行動です。私はこの時期にこういうことをするのは時間の無駄だと思っています。

　まだ半年も先の受験日程について、これから実力も上がるのに今の学力であれこれ考えるのはナンセンスです。ですから、私は入試カレンダーを塾生に配るのは12月と決めています。

　その時期になって、生徒の学力や体力をはじめ、受験日程、2次試験とのかぶり、移動、宿泊、地域枠、共テ利用、学校との相性、試験問題との相性など、さまざまな要因を考え抜いて受験校を一緒に考えます。

12月～共通テストまで

　12月には私立大医学部の受験日程を決め、願書を作成しましょう。必要な書類（成績証明）などは意外と日にちがかかったりしますので早めに、**多めに取っておいてください。**書類をそろえたら確認して提出しましょう。ほとんどの大学でネット出願をしていますので勉強時間がもったいない人は家族にやってもらってもよいでしょう。

共通テストに全振り

　12月になり、塾・予備校の授業もいよいよ大詰めになる時期

に気をつけたいのは、理想の自分やよくできる周りの人と自分を比較しないことです。

　医学部入試は1月末から2月がメインになります。この時期に学力がピークになればよいのですからそれまではすべて途中経過です。「共通テストまであと30日」などとカウントダウンが始まると、ほぼ全員の受験生は焦りを感じます。何に対して焦るのでしょうか？　自分の勉強が進んでいないと感じるからでしょう。何に対して進んでないのでしょう？　周りの生徒と比べてですか？　理想の自分と比べてですか？

　それを考えたら、「進んでいる」と思う方が不自然です。焦っているのは自分だけではありません。このように落ち着いて自分を分析して、焦る暇があったら勉強しましょう。理想の自分や周りとの比較は無意味です。

　国公立を目指す人は共通テストで高得点を取る必要があります。この時期はその演習に集中しましょう。1科目でも失敗すると命取りになります。国語や社会は取りこぼせません。しっかりと時間をかけるものはかけて学習しましょう。大手予備校から共通テストパックといって対策・予想問題が出ますので、これらを使って実践感覚を落とさないようにしてください。

　国公立を受験しない人はこの時期も私立の入試に向けて学習を続けますが、共通テストが終わると、その2、3日後には私立の一般入試が始まります。過去問演習などコンスタントに進めてください。

共通テスト〜入試まで

　共通テストは2日間にわたって行われます。そのあとはすぐに自己採点をして共通テストリサーチを実施します。国公立志望者はここで慎重に受験校を選定してください。それが済み次第、す

ぐに始まる私立の入試に備えてください。

　ここでの学習は、過去問の演習と基礎の徹底ですね。また、体調管理は絶対にしてください。ここから3週間、入試のラッシュ期間です。つまりここでインフルエンザやコロナにかかって1週間でも寝込んでしまうと、この年の合格は厳しくなります。

　私立の一般入試で1次試験がうまくいくと2次試験に進みます。2次試験は小論文と面接です。面接に自信のない人は塾や学校で練習してもらいましょう。エースメディカルみなとみらいでは1次合格の報告があった人を集めて2次対策をします。その大学のおさらいや追加情報、OBが来てくれることもあります。その上で面接練習を私と1対1で行います。この様子を動画で撮り、見直して復習をします。

　ここではたいてい生徒から「意外と声が小さいんだ」とか「身振りや手振りが大きい」とか「髪の毛がうっとうしく見える。まとめなきゃ」などの感想が聞かれます。こうしたことに気がついて少しずつ修正していくので自分の面接の様子を動画で見る機会はとても重要です。こうして、納得のいくものを作っていきますが、面接は口頭試問ではありません。一問一答で答えられたらいい点がつくというものではないので、全体を通して自己アピールできるものを作る練習をします。少ない人で1回、多い人で6回、平均3回といった感じです。

　国公立受験者は自分の志望大学での受験になります。たいていは2月25、26日です。初日が筆記試験（4科目）、2日目が小論文と面接です。共通テスト次第で出願校を変えなければならないことは、よくあることです。情報不足にならないように塾や学校をしっかりと利用して準備してください。エースメディカルみなとみらいではこの時期に講師もOB、OGも総動員で最後の対策を実施します。

　こうして入試期間が経過して、1年が終わります。

受験期の勉強編（高卒生・高3生）

103

PART 2

高３生の学習パターン

　基本は高卒生のやっている水準に早く追いつくことです。そのためにまずは勉強時間の確保をしましょう。学校がこのペースメーカーになります。必ず休み時間と昼休みはあるので、ここに強制的に勉強の予定を入れてしまうのです。月曜日の休み時間（5分〜10分）で順に単語の暗記帳、熟語の暗記帳、化学の間違いノートのチェック、数学の間違いノートチェック、昼休みはリスニング……という感じです。こうして固定した時間が取れるのは強みです。

　また、高３生は必ず学習記録を残しましょう。毎日何をどのくらいやったかを記録してください。これは予定とセットで行うのが理想ですが、なかなか予定は立てられないですし、立ててもうまくいかないと挫折してしまうことも少なくないようです。

　そうすると、受験の一番大事な12月からの予定も立てることができなくなります。まずは記録からでよいです。そしてその記録を誰かに管理してもらってください。当校では担任が「1週間の学習記録」を管理します。そこで科目バランス、総量をチェックして問題があれば即面談です。このようにして自分の記録がうまくつけられるようになったら、予定を立ててその通りできたかというパターンの記録にしていきましょう。

　受験勉強は塾がバロメーターになるでしょう。当校では土曜日と日曜日にまとめて授業があるのですが、平日にも授業や補習があります。少人数の塾ですから全員が来られる曜日と時間帯に設定しています。生徒は授業に来たときに担任に課題や記録表を渡

してオンタイムでアドバイスをもらいます。**高3生も一人ひとり自習机をもらえるので**、そこで自習をすることになります。教材を置きっぱなしにできるのもメリットです。

　入試では高卒生と戦うので、先に書いた高卒生の例を参考にしてとにかく勉強してください。具体的な勉強は後述のドキュメント例で書いていますのでぜひ参考にしてください。

医学部の２次試験（面接）と
その対策方法編

2次試験の概要

2次試験

　医学部では1次試験（筆記）と2次試験（面接、小論文）の合計点の高い人から最終合格をもらえると考えてはいけないということはお話ししました。1次試験の筆記テストの結果で1位から並べられた受験生のうち募集定員プラス α が「正規合格」候補となっているわけです。このグループに入っていれば2次試験は「人物チェック」程度しか意味を持たないというシステムです。点数もつきませんので1次試験の点がすべてです。

「人物チェック」とは将来医師になる適格性があるかどうかの判断です。面接で医師の志望理由を聞かれたときに「人の体であれこれ実験したいからです」と答える人は「不適格」です。「人体にメスを入れ、血が流れる様子を見ることに興味あるからです」もダメでしょう。面接試験でこうした発言をしてしまう人は「正規合格」候補から外され、「補欠合格」候補者と入れ替わるということです。

　しかし、ここ数年、面接や小論文に点数をつけて合否を決める大学も増えてきました。1次合格は「足きり」で使い、2次試験のみで合否が決まるということはあり得ませんが、**点数がつく以上その対策は可能ですしそれをやる価値があります**。

面接試験とは

　面接試験ではどのような項目が評価対象になりどんな対策がで
きるでしょうか。私は「面接試験は一問一答式の口頭試問ではあ
りません。面接時間のすべてのことが評価されます」と指導して
います。つまり試験官の設問に対して、前もって準備して暗記し
ていた解答をすらすらと言えれば合格！という性質のものではあ
りません。たとえ、一つの質問項目に関して口ごもってうまく答
えられなかったとしても別の質問のときにその内容も含めて答え
られればあまり問題になりません。面接のなかでのすべての発言、
態度、考え方、雰囲気が総合的に評価されると思ってください。

　うまくいった面接のときは面接官から終わりの合図をされ、部
屋から退出するときに多少なりとも手ごたえを感じるはずです。
和やかな雰囲気であったり、温かな気持ちになったりするもので
す。逆に失敗したなと思う面接は、設問にうまく答えられず嫌な
雰囲気になってしまったときでしょう。ですから、気持ちの置き
どころをしっかり作って「全体でのできばえ」をよくする面接を
心がけましょう。

　ここで裏話ですが、面接官である大学の先生たちは「明日入試
の面接官なんだよ。気が進まないんだよなあ」といった内容を自
分のゼミの学生にこぼすということを耳にします。私の友人にも
医学部の面接官をしていた者がいますが同様のことを言っていま
した。

　つまり、面接官は面接のプロではない、ということです。就職
試験ではないしあくまでも医学部入試の試験の一環です。試験官
でありながら、大学の先生であり、家庭では夫（妻）であったり
父（母）であったりします。そうした側面を考えてみてください。
面接官は決して受験生と住む世界が違う異質の存在ではありませ
ん。医学部の受験生として、人としてできることと、やらなけれ

ばならないこと、当たり前に考えていることを自分の精一杯の力でしっかりアピールすればよいのです。背伸びをしたり、大きな嘘で自分をとりつくろったりする必要はないのです。

　ここまでの話は一般的な面接の話で、ほとんどの医学部の2次試験で実施されているものです。しかし近年では実際に行われている医学部の面接は数種類あります。それを分類すると、A面接、Bディスカッション、C MMI（multiple mini interview）に分けられると思います。

　そして、面接は ①個別面接（受験生1名：試験官2名以上）、②集団面接（受験生2名以上：試験官2名以上）に分けられます。

　ディスカッションはグループ討論（受験生2名以上：試験官2名以上）が行われます。

　MMIは受験生1名：試験官1名の組み合わせでテーマ別に4回以上行われます。ディスカッションとMMIについては詳述します。

　話を面接に戻します。その対策をしていきましょう。

面接試験の4つのテーマ

　面接試験で一般的に聞かれることを大きく分けると、A 医師になる覚悟、B 自己分析（過去・現在・未来）、C 医師になる素質、D 医療・社会問題に分けられるでしょう。それぞれを細かくすると以下のようになります。

A　医師になる覚悟でのテーマ

　①志望理由（なぜ医師を目指すのか？　きっかけは？）、②理想の医師像、③併願校（なぜ本学か）、④地域枠での入学の希望、⑤医師の仕事の怖さと責任感など

B　自己分析（過去・現在・未来）でのテーマ

①長所と短所、②自分の誇れること、③出身高校と部活動、ボランティア、④つらかったこと・悲しかったこと、⑤尊敬する人物、⑧座右の銘、⑤浪人体験・高校時代の思い出、⑥大学でしたいこと、⑦将来の設計（臨床か研究か）、⑨志望する科、⑩ストレス解消法など

C　医師になる素質でのテーマ

①医師に向く性格とは？　②医師に必要なものは？　③尊敬する医師、④最近気になったニュース、⑤医学・生物学への関心、⑥医学以外の分野への関心、⑦他者との協調に必要なものは？⑧読書傾向、⑨患者との信頼関係とは？　⑩医師と体力など

D　医療・社会問題でのテーマ

チーム医療、診療科の偏在、地域医療、告知問題、利益衡量に基づく対処、女性と医師、働き方改革、医師のアルバイト、医療過誤、臓器移植、遺伝子診断、終末期医療、医療制度、遠隔治療、新薬治験、救急車の有料化、パンデミック（感染症予防）、安楽死、尊厳死など。

また、本学関係（知り合いの有無）、家族関係（身内に医師はいるか）といったことも聞かれます。

当校の生徒の面接の事例

　ここ数年の当校の生徒が実際に受けた面接の事例を再現しました。考察してみましょう。

医師の志望動機

医師の志望動機は面接では鉄板の質問です。この質問に答えを用意しない受験生はいないと思います。

・あなたはどうして医師になりたいのですか。
　「父が医師なので、父の働く姿を見て父のような医師になりたいと思ったからです」
・具体的にどのような姿ですか？
　「はい。朝から晩まで患者のことを考えて患者に尽くす働き方や患者さんに感謝されている姿です」
・わかりました。では、お父さんの働く姿を見ていなかったら、医師になりたいとはあまり思わなかったということですか？
　「……」

・あなたはどうして医師になりたいのですか。
　「高校生のとき、部活で足を骨折してしまい、担当していただいた医師がとても素晴らしい先生だったからです」
・そうですか。志望理由を聞かせてくださいね。
　「えーと、先ほども言いましたが、高校2年生のとき、部活で足を骨折したときの担当の先生がとても素晴らしい方だったからです」
・そうですね。でも骨折は「きっかけ」であって、もっと理由はないのですか？
　「……」

「なぜ医師になりたいのですか」という医師の志望理由に対する質問は「どうしてあなたは医師になる必要があると思うのですか？」という質問と同じです。

　受験生のなかには医師を目指す「きっかけ」とその志望理由を同じものだと思っている人が少なくないようです。

　父がたまたま医師であったとか、怪我をしたときの先生が魅力的だったというのは「きっかけ」ですね。その「きっかけ」から「自分の心がどのように動いて、何を考え、どのように行動して、将来はこうしたいと思った」というのが志望理由です。

　父の働く姿、患者から感謝される姿を見て、「自分も命を扱う責任感を持って人の役に立つ仕事に人生をささげたいと思った」とか、「しっかりと患者と向き合って不安を取り除いてくれた人間性、知識、経験にあこがれて自分と同じけがや病気に苦しむ人の役に立つためにこの道に進みたいと思った」というのが志望理由の根幹になります。

● 改善例

・あなたはどうして医師になりたいのですか。
　「私の父は医師なのですが、父の働く姿、患者から感謝される姿を見て、『自分も命を扱う責任感を持って人の役に立つ仕事に人生をささげたい』と思ったからです」
・あなたはどうして医師になりたいのですか。
　「高校生のとき、部活で足を骨折してしまいました。そのときの担当医は私にしっかりと向き合って治療してくれました。先生の持つ人間性、知識、経験にあこがれて、将来、自分と同じけがや病気に苦しむ人の不安を取り除き、人の役に立つためにこの道に進みたいと思いました」

　理想の医師像もよく聞かれます。どのような医師になりたいのか、ということです。これも正確に伝えないと突っ込まれます。面接の最初の方に聞かれる問題のときは言葉遣いにも気をつけてください。

医学部の2次試験（面接）とその対策方法編

- あなたは将来どんな医者になりたいのですか。
  「今の医師よりも患者に寄り添える医師になりたいです」
- 寄り添うとはどういうことですか？
  「もっと患者の視点に立って治療することです」
- そうですか。今の医師が「患者の視点に立って治療をしていない」かなあ、と思う点はどんなところですか？
  「もっと、患者の意見を聞いて、患者の意見を十分に取り込むべきです」
- なぜそう思うのですか？　具体的にそのようなことをご自身やご家族で体験したりしたのですかねえ？
  「いえ、そのようなことがあるのではないかと思っているだけです」

　イメージだけで意見を語るのは稚拙です。また、面接官も医師であることを忘れないでください。現在一生懸命に取り組んでいる現場の最前線にいる医師に、まだ医学部生でもない人が「〜すべきだ」などとは言うべきではないですね。

理想の医師・人物像

- あなたは将来どんな医者になりたいのですか。
  「地域の患者さんに信頼される医師になりたいです」
- どうすれば地域の患者さんに信頼される医師になれると思いますか。
  「やはり、患者さんと十分にコミュニケーションをとり、患者さんが何を不安に思い、どんなことを求めているのかを常に聞く耳を持つことが大切だと思います」
- コミュニケーションは大切ですが、ほかにはどうですか？

> 「患者さんの気持ちがわかるようになること、とかです
> か……」

　途中まではとてもよいと思いますが信頼はコミュニケーション
だけからは生まれないという指摘ですね。もう少し深く考えま
しょう。どのように人間関係を構築していくのかといった視点が
必要です。
　例えば、「患者さんともご家族とも十分にコミュニケーション
をとりながら、治療を進めます。その際にチーム医療であること
を伝えます。多くの医療関係者がチームを組んで、患者さんのけ
がや病気に最善の治療をしようとしているので一緒に頑張りま
しょうというメッセージを伝えます」という発言は好印象です。

・あなたの尊敬する人物は誰ですか。
　　「……父です」
・わかりました。では身内の方以外で挙げてもらえますか。
　　「……すみません。今思いつきません」
・そうですか。ではあなたの座右の銘は何ですか。
　　「座右の銘ですか……。思いつきません」
・はい。いいですよ。次の質問です。あなたの高校生活の一
　番の思い出は何ですか。
　　「文化祭です」
・文化祭の何が一番印象に残っていますか。
　　「部活の仲間と模擬店をしたことです」
・……そうですか、わかりました。
・あなたには協調性はありますか。
　　「協調性はある方だと思っています」

　この流れどうですか？　あまりよくないことはわかりますか？
面接はいかに和やかな雰囲気を作り会話できるかです。一問一答

方式ではないのです。相手が答えやすいような答え方を考えてください。

● 改善例

・あなたの尊敬する人物は誰ですか。

　「父です。（質問が来ないなら自分から続けます）父は医師なのですが誰に対しても真摯に対応しています。幼少期は父のクリニックで過ごすことが多かったのですが、いつもにこやかに患者さんと話をしていたり、患者さんに感謝されている姿を見てきました。

　今年、私が受験に失敗し浪人生活に入るときもしっかりと私の話を聞いてくれました。父の学生時代の失敗談も話してくれ、励ましてくれました。そうした人間性を尊敬しています」

　このように答えると面接官は続けて次のように質問をしてくるかもしれませんね。

・そうですか。どんな失敗談を話してくれたの？

　「はい。それは父が高校生のときにどうしても数学ができなくて〜」

　わかりますか？　会話をするのが面接です。試験官が聞きたくなるような話をするのです。面接官の最後の「あなたには協調性はありますか？」は嫌味だったかもしれませんね。

・あなたの特技は何ですか。

　「サッカーです」

・あなたがサッカーから学んだことは何ですか。

「努力です」

・では、そのあなたが学んだものを、医師になったときにど
う活かしていけると思いますか。

　　「努力すれば何事もうまくいくと思います」

・では、医師の仕事がうまくいかないときは努力が足りない
ということになりますね？

　　「少なからず努力が足りないことはあると思います」

・そうですか。それは根性論に聞こえますが、努力だけでは
無理なこともありますよね？

　　「はい、あるかもしれませんが、私は努力すれば何とかな
　　るという環境で生きてきました。ですのでそこにこだわっ
　　ていきたいと思います」

　この流れどうですか？　自分の言ったことが間違えているかも
しれないと考えたり、心にもないことを流れで言ってしまったら
どうしますか？

　この人は、自分の発言の中で「努力がすべてではない」と気が
つきながらそれを修正しませんでした。もったいないですね。

　そもそも、何事も努力で何とかなるという考え方は少し世界が
狭いかもしれませんね。病気が治らない患者さんは努力が足りな
いのでしょうか？　根性がないのでしょうか？　この人がこのま
ま医師になるとそういったことを患者さんや家族に押しつけてし
まいそうで心配です。そのあたりを面接官も気にしたのではない
でしょうか。ですから、面接官は「努力だけでは無理なこともあ
りますよね？」と助け船を出してくれたのですね。本人は、自分
の間違いに気がついていたのに、それに乗りません（乗れませ
ん）でした。まず、面接官の発言とその意図を考えましょう。そ
してそれが助け船だとわかったらそれに乗ってしまいましょう。
その上で、自分の発言を修正していけばいいのです。

　面接官は受験生に完璧さは要求してきません。むしろ、その場

で臨機応変に立ち回れるか、柔軟な思考ができるか、バランス感覚があるかといったことを見ています。自分の発言が間違っていると気がついたら素直に修正しましょう。

● **改善例**

・そうですか。それは根性論に聞こえますが、努力だけでは無理なこともありますよね？
　「そうですね。確かに努力だけですべてが解決できるわけではないと気がつきました。もっと視野を広くして自分の見識を高めていきたいと思います」

医学部生になる自覚があるかを見る問題

・あなたは1年目の研修医だとします。担当の患者さんがあなたに「先生は厳しいから別の担当にしてくれないかなあ」と言ってきたらどうしますか？
　「そうですね。患者さんの望む通りに、担当を交代してもらうようにすると思います」
・なるほど。では、指導医が「私の経験上、あの患者さんは君がみた方がいい」と言ってきたらどうしますか？
　「それでも、おそらく交代をお願いすると思います」
・それはどうしてですか。
　「やはり患者さんとの信頼関係が大事です。患者さんが私を望んでいないという状況ではそれが崩れているので、自分が担当を続けることに重要性をあまり感じないと思うからです」

> ・患者さんと話はしないのですか？
>
> 「一応話してみます。しかし、患者さんがそのように言っ
> ているなら、この先も私の言うことを聞いてくれないで
> しょうから患者さんの希望通りにしたいと思います」
>
> ・わかりました。患者さんの気持ちにこたえるということですね？
>
> 「はい。私は患者さんのことを第一に考える医師になりた
> いと思っています。パターナリズムには嫌悪感を感じます」

　この面接では面接官によい印象を与えることができていません。その逆です。何がだめなのでしょう？　前提は「あなたは１年目の研修医だとします」です。これは「まだ未熟の駆け出し医師ですよ」と言われているのです。この立場では知識も経験も少ないので、不明なことがあれば、上級医、指導医に相談しアドバイスをもらい、それに従うのは大原則です。現場の看護師さんの方が戦力であることの方が多いくらいです。その指導医の意見や判断をこの研修医は無視して自分の意見を通そうとしていますね。患者は本気で言っているのかを確かめたり、新しく患者との信頼関係を築こうとせず、むしろ自分からそれを拒んでいます。これこそ一方的なパターナリズムです。そのことに気がついていないので、面接官は呆れてしまっていると思います。

● 改善例

> ・なるほど。では、指導医が「私の経験上、あの患者さんは
> 君がみた方がいい」と言ってきたらどうしますか？
>
> 「……はい。患者さんに嫌われてしまったという感情から、
> 患者さんの望むように交代すればいいと考えましたが、経
> 験のある指導医の先生のアドバイスの意味や根拠を考えて
> みると、それに従うことが一番よいと思います。その上で
> 患者さんとじっくり話したいと思います」

医学部の２次試験（面接）とその対策方法編

典型問題

　典型問題には答えを準備しておきましょう。また、高校の成績が悪かった人、欠席日数が多かった人はそこを聞かれることが多いようです。

・あなたは欠席数が多いですね、理由は何ですか？　いじめにあっていた？
　　「いいえ。いじめではありません。体調が悪い時期があり、それを理由にさぼってしまいました」
・さぼりですか。家でゲームとかしていたのですか？
　　「いいえ。家では勉強をしていました」
・大学に入ってもさぼることを繰り返しませんか？
　　「いえ、大学に入学したら心を入れ替えてさぼったりしません」
・本当にですか？　根拠はありますか？
　　「自分でそう決めているので大丈夫だと思います」

　面接官は受験生の今までの行動から今後の行動を予想します。ですから高校生活で休みが多ければ大学でもそうなってしまうことを懸念しているのです。絶対に高校時代のことを繰り返さないと言っても、相手を納得させる理由や根拠がなければ信用してもらえません。

・調査書をみると、英語の成績がとても悪いですね。どうしてこんなに悪いのですか？
　　「学校のテストは暗記ばかりで、やり切れませんでした」
・暗記は苦手ですか？
　　「はい、暗記が嫌で生物を選択せず物理選択にしたくらい

　苦手です」
・医学部に入ったら暗記ばかりですが、大丈夫ですか？
　「はい。興味があることに関しては暗記は苦になりません」

　面接官の質問には正直に答えていますが、印象はあまりよくないです。医学部での暗記の量は受験勉強の量どころではありません。その覚悟があるのかを問われますから「暗記は苦手」と言い切るのは避けた方がよいでしょう。

・あなたがこれまでに感銘を受けた本は何ですか。
　「あまり本を読まないので、感銘を受けた本はありません」

・あなたがこれまでに感銘を受けた本は何ですか。
　「本はあまり好きではなくて、これまで『ハリーポッター』
　くらいしか読んだことがありません。だから感銘を受けた
　本はありません」

　こうした答えも面接官への印象はよくありません。医学部に入ったらたくさんの本を読まなければならないのですから。本が嫌いはNGです。

・最近腹が立ったことは何ですか。
　「最近腹を立てたことはありません」
・では、最近うれしかったことは何ですか。
　「受験勉強ばかりしていたので、あまりうれしかったこと
　もありません」
・では最近気になる医療系のニュースは何ですか。
　「最近受験勉強で忙しくてニュースを見る時間がないので、
　気になるニュースは特にありません」

こうした答えも面接官への印象はよくありません。いくら受験勉強が忙しくても人間として生きている以上素直な感情を持って自分が生きている社会に目を向けることは医師になる上でも大切な視点です。

・あなたの長所は何ですか。
　「正直なところだと思います」
・ではあなたの短所は何ですか。
　「逆に少し頑固なところが短所だと思います」
・その短所を克服するために何か努力をしてきましたか。
　「私は毎晩寝る前に必ずその日のことを振り返る時間を作り、自分が一つの考えに凝り固まっていないかを冷静に振り返るようにしています」
・毎晩必ず、ですか？
　「はい」

この答えも面接官によってはいい印象を受けないでしょう。「毎晩」は大げさですね。長所と矛盾します。また、そのことを修正しないことで短所である頑固さも克服できていないことがわかってしまいます。

・受験した大学すべてに受かったら、どこに行きますか？
　「御校が第一志望です」
・なぜ本校が第一志望なのですか？
　「御校では地域医療に力を入れているところやチーム医療を学べると思ったからです」
・ほかに理由はありますか？
　「はい、設備がすぐれている点、TBL教育をしている点、教授との距離が近い点などです」
・わかりました。

　もしこの受験生が1次試験での成績がとてもよければあまり問題にならないと思いますが、そうでない場合、これダメですね。本気で貴学に入りたいという熱意がないことが分かってしまいます。「それは、どこの大学でも学べるのではないのか？」と面接官が思ってしまう答えはいい答えではありません。

　「その大学でなければならない理由」が「第一志望である理由」です。その根拠をしっかり考えておきましょう。

MMI出題例（2023年）

　入試のシステムの説明で、総合型入試での東邦大学の例を見ましたが、ここでは一般入試での例を見ていきましょう。

東邦大学一般入試でのMMI出題例（2023年）

　受験生4名が同時にそれぞれの教室に入室してMMI面接を受けます。3分経過するとベルが鳴って終了、次の部屋に入室してMMIを受けます。3分するとベルが鳴り終了して次の部屋に移ります。このようにして4回MMIを受けて終了です。

　MMIで出された課題を見てみましょう。この課題は当校の受験生（複数名）から聞き取り調査をしたもので大学が公表しているのものではないので100％正確なものではないことをご了承ください。

部屋1の課題 ────────────

　A君とあなたは同じ大学の医学部生で同じ運動部に所属しています。A君は最近レギュラーになりました。ある医学の分野について英語でレポートを提出する課題が出ました。A君はネットの

記事を機械翻訳を使って済ませました。そして、あなたに、「課題を早く済ませてその時間を練習時間に当てて、早く一緒にレギュラーになろうよ」と言い、同じことをするように勧めてきました。しかし、あなたはそのことに反対しました。

①なぜあなたは反対したのですか？

②友人はなぜそのような提案をしようと思ったのでしょう？

③友人に対してどのように断りますか？

部屋2の課題

あなたは医学部に通っています。将来iPS細胞を用いた再生医療の専門家になりたいと思っています。

①そのために必要だと思うことを2つ以上挙げてください

②それらを身につけるために必要なことは何ですか？

③より多くの患者に再生医療を提供するには何が必要ですか？

部屋3の課題

日本で聴覚障害者のオリンピック（デフリンピック）が開催されます。あなたはメキシコ選手を担当するボランティアです。

①選手が直面する困難は何だと思いますか？

②事前準備として何が必要ですか？

③この開催をすることで、日本はどのようになると思いますか？

部屋4の課題

消しゴムの性質にあったらよいと思う機能は何ですか？

①その性質を科学的に証明するにはどのような実験が必要ですか？

②その実験に必要なものと事前に知っておくべきことは何ですか？

受験生は 4 つの部屋を順番に回ってこうした問題に解答します。

ここで部屋 1 と部屋 3 で聞かれている質問の方向性は東邦大学のMMIでは頻出の問題です。実は一般入試のほかに総合型入試でもMMIが行われているのですが、こういった同質の質問が繰り返しされています。

コラム　　**塾・予備校の選び方**

　少子化が進むなか、それに反比例するように塾が乱立していま
す。塾に通っていない子供の方が少数になっています。そのよう
ななかで、医学部受験をするにあたり塾選びに大切なことは何で
しょうか？

　私は「本当に受かるのか？」だと思います。

　医学部入試は特殊です。さまざまなイレギュラーがあります。一
般の学部を対象にしている塾や講師が一朝一夕で対応できません。
そして、医学部対応の塾でも入試制度がどんどん変わるのでその
塾がアップデートしているのかも大事です。その目安はやはり合
格者がいるのか？ということです。そしてその合格者が受かった
のはその塾を利用したからと言えるかです。

　当校の合格者ドキュメンタリーをお読みになっていただければ
いかに医学部の受験は受験生にも塾にとっても大変かがおわかり
いただけると思います。

　また、生徒や保護者の方がいつどんなときも責任者と連絡が取
れることも大切だと思っています。受験中は生徒も保護者も不安
なことや疑問がたくさん生じます。それをオンタイムで解決でき
るか、安心できるかは大事な要素ではないでしょうか。私は携帯
の番号もメールもすべてオープンにして24時間連絡が取れるよ
うにしています。

　私たちはこうしたことを当たり前にこなしています。それは合
格にこだわるからです。ご賛同いただけましたらぜひ、エースメ
ディカルみなとみらいをチェックしに寄っていただけたらと思い
ます。

ドキュメント

医学部合格までの1年

高卒生編

MKさん
（神奈川の私立女子高卒・1浪・趣味はテニス）

◎最終結果

- ・浜松医科大学医学部 ………………… 正規合格
- ・昭和大学医学部 ……………………… 正規合格
- ・国際医療福祉大学医学部 ………… 正規合格
- ・北里大学医学部 ……………………… 正規合格
- ・東京慈恵会医科大学医学部1次 …… 合格（2次は補欠）
- ・順天堂大学医学部1次 ……………… 合格（2次は補欠）
- ・共通テスト ………………………… 78.0%

偏差値推移

			↓ACEに入塾				
	高3	高3	卒1	卒1	卒1	卒1	
マーク	第3回	プレ	第1回	第2回	第3回	プレ	共通テスト
英語	59.9	62.5	69.9	**70.7**	68.5	**72.8**	176/200
数ⅠA	57.8	59.0	69.5	**71.6**	71.9	70.8	78
数ⅡB	57.4	65.3	69.6	68.0	68.3	**73.8**	95
国語	44.9	54.6	65.2	62.4	58.1	57.2	124/200
化学	52.7	41.7	**76.4**	**73.3**	68.9	66.3	80
物理	43.4	48.8	54.5	61.2	**72.3**	63.3	75
倫政	53.9	43.5	58.6	53.0	54.9	53.7	74

		↓ACEに入塾		
	高3	卒1	卒1	卒1
記述	第2回	第1回	第2回	第3回
英語	59.8	**70.2**	66.2	**71.7**
数学	52.2	64.1	64.6	60.4
化学	52.7	65.9	**73.3**	65.7
物理	46.9	53.7	**70.3**	63.8

　浪人生活を決めるとすぐにエースメディカルに入塾してくれました。客観的に自分を評価できる冷静な目を持っていて目標を掲げてそれに向かって努力するタイプでした。現役のときの受験勉強は方向性がずれていたので、それを修正し目標を掲げて勉強をし始めるとグングン成績が上昇しました。

　「本をまったく読んでこなかった」と言うほど国語が嫌いで、「人の心がわからない」と淡白さを自覚していたようですが、閉室時間まで自習室で粘っているのが常で根性がありました。

峰岸：現役生のときは医学部受験に対して意識はあまり高くなかったようですね？

MKさん：はい。高3の受験時はもう、あきらめの気持ちが強かったです。

峰岸：いつごろからそうなってしまったの？

MKさん：12月のプレ共通テストです。試験を受けている最中に手ごたえが悪く自己採点の結果も悪かったので「今年はダメだな」と思うようになっていました。そして気持ちが上がり切れないままテストに突入、玉砕しました。

峰岸：受験の計画は立てていたのですか？　学校の成績は悪くないでしょう？

MKさん：はい。最初は、推薦で国公立に進学しようと思い、H
　　　　大学の校内選考を受けたら通りました。そこでの提出課題
　　　　に1,800字の志望動機があり、他大学の推薦も考えていた
　　　　ので高3の秋はあまり受験勉強をせず、志望動機の作成な
　　　　どに時間を使っていました。

峰岸：でも推薦は受けなかったのですよね？

MKさん：はい。推薦入試に魅力を感じなくなって一般受験にし
　　　　ました。国立しか受けるつもりはなかったのですが、私立
　　　　は学校の先生から勧められた2校を受けました。

峰岸：受験結果は厳しかったですよね？

MKさん：国立志望ですし、私立なら受かると思っていたのですが、
　　　　甘かったです。実際には理科の問題にはまったく歯が立た
　　　　ないものもあり、受験した昭和大学の理科は0点だったか
　　　　もしれません。

峰岸：0点ということはないでしょう。でもそれほどできなかっ
　　　　たのですね。現役生はそもそも理科まで手が回らないこと
　　　　が多いですから。

MKさん：はい。今思うと全然間に合ってなかったですね。当時、
　　　　私の行きたかった旭川医科大学は個別試験で理科がなかっ
　　　　たこともあり、あまり学習しませんでした。そしたら、こ
　　　　んなことに……。

峰岸：全落ちしたら浪人することは決めていたのですか？

MKさん：はい。このままでは気が済まないですし、親に相談し
　　　　て1年だけという約束で浪人することにしました。国公立
　　　　の合格発表（不合格）があった日に、ネットで予備校を探し、
　　　　エースメディカルに目をつけました。翌日に親と一緒に峰
　　　　岸先生と面談しました。そこで即決して、次の日には入塾
　　　　して自習室で勉強を始めました。

では、1年を振り返りましょう。

▶ エースメディカルみなとみらい入塾前の状態 （やっていた勉強と手ごたえ）

英語

高2まで東京の英語専門塾に通っていました。英語にはあまり苦手意識がなかったので、高3では週1で長文を読むくらいで、ほとんど触れずに過ごしてしまいました。入試ではまったく手ごたえがありませんでした。

数学

東京にある数学専門塾に通っていました。そこでは発展的な内容をメインに扱っていたこともあり、学校の基本的な内容の授業も割と活用していました。学校で配布された4STEP以外に使っていた問題集はありません。入試では戦えた分野もありますがそうでない分野の方が多かった気がします。

化学

塾には通っておらず、高3の12月時点で偏差値41という絶望的な学力でした。無機、有機をほぼ暗記してなかったので入試では全く歯が立ちませんでした。

物理

塾には通っていませんでした。何となく解法だけを覚えていたので、少し応用されると手が止まってしまうことが大半でした。入試は絶望的でした。

春期講習（エースに入塾してからやったこと）————

英語

①『システム英単語』（エースの副教材として配布される）

　現役の時はターゲット1900を使っていたので、この教材を使用するのは初めてでした。前期のクラス分け試験（3週間後）までに600までは文章を書けるようにしました。私は英単語暗記が本当に嫌いで、今までずっと避けてきたので、600まででも知らない単語は意外とありました。

②『大学受験スーパーゼミ全解入試頻出英語標準問題1100』（以下標準問題1100）（エースの副教材として配布される）

　この教材も初めて使用しました。3月末までに1周し、間違えた問題はノートに書き出しました。左半分に問題と選択肢、右半分に答えと文法事項をまとめました。

③赤本（私立）

　峰岸先生におすすめの長文の問題集を聞いたら、それより過去問を解いた方がよいと言われたので、週に5問、私立医学部の過去問を解きました。やったのは順天堂、昭和、東邦などです。大問ごとに区切って解きました。

数学

①『大学への数学：1対1対応の演習A』（場合の数と確率、整数）、『大学への数学：1対1対応の演習Ⅱ』（指数対数、ベクトル）、『大学への数学：1対1対応の演習Ⅲ』（曲線、複素数）（エースの副教材として配布される）

　春期に受講したマンツーマンの先生に勧められて使用しました。3月末のクラス分け試験に向け、総復習するために3週間で6冊

の例題をとりあえず1周しました。総復習をするには大変よい問題集です。ただ、問題量があまり多くなく、厳選された問題が集まっているので、数学がある程度固まってから取り組んだ方が有効だと思いました。

化学

①『化学重要問題集』（エースの副教材として配布される）

3月末のクラス分け試験までに1周しました。理論に関しては、このときに3・4問以外は完璧に解けるようにして、だいぶ得意になった（はず）です。

物理

①リードα

学校で配られていた問題集です。3月末のクラス分け試験までに、万有引力や交流など抜けがちな分野を中心に復習しました。

峰岸：春期講習を受けてどうでしたか？

MKさん：エースメディカルみなとみらいに来るまで、自分の学力は正直どこの位置あたりなのかがわからなかったです。私はもとから割とのんきな性格だったので、周りの人を見て意識の高さに驚いたり、恐ろしく自分を追い込んで合格した先輩と話をして、いい意味で「どん引きする」ほど衝撃を受けました。この時期はとにかく通学に慣れ、塾のことが優先でした。モチベーションはクラス分けで上のクラスに行くことでした。また、問題集をあまり使ったことがなかったので効率的な使い方がわからず先生に相談していました。クラス分けの結果、化学だけは下のクラスでした。暗記が抜けていた自覚があるのでしっかり詰めて、5月の模試で挽回しようと思っていました。

▶ 前期（4・5月・6月）での学習

英語

①峰岸先生授業ノート：私の場合、ただ授業を受けているだけでは文法事項を全然覚えることができなかったので、ちょくちょくは復習するようにしていました。

そして6月ごろ「詰めが甘い」と怒られたので、このあたりからしっかり復習や暗記の時間を定期的に取り始めました。

②峰岸先生文法プリント：20章まであり、各章がレベル1・2に分かれているので、2日で1章を終わらせるペースでやりました。6月から1日1章ずつ復習をしました。

③峰岸先生要約対策プリント：絶望的な国語力だったため、文章の内容はわかってもキーセンテンスがわからず、速読をすることができなかったので、相談をして英文を日本語で要約する練習をし始めました。

④『システム英単語』：確認。

⑤『英熟語ターゲット1000』（エースの副教材として配布される）：覚えていないものをチェック。

⑥『英語標準問題1100』：間違いを確認。

⑦例文暗記プリント：④〜⑦は授業や小テストの進捗状況に合わせて進めていました。エースの本科生は日々の小テストを存分に活用するべきです。完璧に暗記するつもりで、小テスト対策の時間をしっかりとることをおすすめします。例文暗記は文法の確認だけではなく、後々自由英作文をするときにとても役に立ちます。私は試験本番でも例文にあった構文をかなり使用しました。

⑧赤本（私立）：週に5問解くペースで解きました。6月からは国立の記述問題も解くようにしました。

⑨リスニング（6月から）：第2回目の模試に向けての対策を始

めました。共テの過去問や試行調査を2日で1年分を目安に解きました。10日やり続ければかなり力がつくと思います。

⑩センター試験の物語の問題（6月から）：フィクションの文章を読むのが苦手だったので、センター試験の第6問・物語文を解くように言われて始めました。「いくら時間をかけてもいいのでとにかく満点を取ること」と言われたので、それを意識しました。正確に文章を読む練習になったと思います。

数学

①『大学への数学：1対1対応の演習A』（場合の数と確率、整数）、『大学への数学：1対1対応の演習Ⅱ』（指数対数、ベクトル）、『大学への数学：1対1対応の演習Ⅲ』（曲線、複素数）：春期で解けなかった問題の復習をしました。私は数Ⅲが苦手だったのでそこをメインに取り組みました。

②前塾の教材：高3用のテキスト。5月の記述模試までに何をやったらいいかよくわからなくて、とりあえず解いたことのある問題を完璧にしよう！と思って始めました。手持ちの教材ならどんな問題集でもよいかもしれません。新しい問題を解くよりも、一度解いたが忘れてしまった問題を確実に解けるようにする方が効率的かもしれません。

③塾の先生のプリント：徹底復習をしました。

④『チャート式解法と演習』（黄版）（エースの副教材として配布される）：塾の先輩からウィークリーテストは満点取れるようにとアドバイスをいただいたので、毎週末にその週の授業プリントを解くようにしていました。

化学

①授業ノート、問題プリント：WT（weekly test）に合わせて復習しました。問題プリントは結構量があり、レベル別になっているので最大限活用しました。WT前には絶対に解き切るよう

にしていました。これで本当に力がついたと思います。

②塾のプリント：これもWTに合わせて復習しました。理論も原理の部分は暗記するしかないと割り切りました。とにかく授業でやった原理や解説を一通り思い出してから、問題集に取り組むことで定着を図りました。

③『化学の新標準演習』（エースの副教材として配布される）：これもWTの範囲を完璧にする気で解きました。

④『化学一問一答』（エースの副教材として配布される）：小テストの範囲に合わせてやりましたが得意分野はチェックのみです。逆に無機や有機は、こういうきっかけがないとなかなか暗記できないタイプだったので、しっかり取り組みました。

⑤『重要問題集』：WTに合わせて解きました。なるべく早く終わらせたかったので、間違えた問題は何度も解きました。

物理

①『エクセル物理総合版』（エースの副教材として配布される）：塾の先生の小テストの進捗状況に合わせて解きました。疑問に思ったことや曖昧な部分は、すぐに先生や先輩に質問するようにしました。私はエースに来るまで表面上の暗記しかしていなかったらしく、原理の部分で勘違いをしているものが多々あることがわかりました。それは質問をすることで、勘違いしている箇所を指摘され見つけることができました。

②塾のテキスト：WTや小テストに合わせて復習していました。なぜその法則が成り立つのかを思い返しつつ復習することを心がけました。

③『名門の森』（エースの副教材として配布される）：何か新しい問題を解きたくて担当と話し6月から始めました。意外と盲点だったポイントを突いてくる良問があり、物理の感覚をつかむのに非常に良い問題集でした。7月までに力学編を終わらせました。問題はすべてコピーしてノートに貼り、ノートで解くよ

うにしました。問題ごとにポイントがあるので、それをノートに太字で書いて模試や試験前にパラッと見たときに視界に飛び込みやすいようにしていました。

> 峰岸：5月の模試（マーク型・記述型ともに）で全科目とも成績が急上昇しましたね！　これはかなり順調な滑り出しです。各科目で気をつけていたことを教えてください。

偏差値推移

				↓ACEに入塾	
	高3	高3		卒1	
マーク	高3(8月)	12月		第1回(5月)	
英語	59.9	62.5	→	69.9	(7.4UP)
数ⅠA	57.8	59.0	→	69.5	**(10.5UP)**
数ⅡB	57.4	65.3	→	69.6	(4.3UP)
化学	52.7	41.7	→	**76.4**	(34.7UP)
物理	43.4	48.8	→	54.5	(5.7UP)

				↓ACEに入塾	
	高3			卒1	
記述模試	10月			第1回	
	英語	59.8	→	70.2	**(10.4UP)**
	数学	52.2	→	64.1	**(11.8UP)**
	化学	52.7	→	65.9	**(13.2UP)**
	物理	46.9	→	53.7	(6.8UP)

> MKさん：そうですね。全体として、何か特別なことをしたというよりも、毎週行われるWTに合わせ勉強しました。毎回の授業を思い出すことから始めて授業で使ったプリント、ミニテストの範囲の問題などを徹底的にたたき込みました。
>
> 峰岸：特に**化学**はマーク模試で**偏差値が30以上**、記述模試でも

13以上伸びています！　苦手科目の克服法どころか、大成功の学習法ですね。どんなことをしましたか？

MKさん：授業プリントが中心です！　クラス分けテストで化学だけ下のクラスからのスタートでだったのです。学力が低かった分「やらなきゃ！」という意識がすごく強かったと思います。私の化学の勉強法は、まず、基本を押さえること。その次には一つの問題集をじっくり深めるのではなく、分野ごとにいろいろな問題をたくさん解いていくことです。このやり方は自分に合っていてどんどん成績が伸びたと思います。最終的には一番うまく成績を伸ばせた科目で、どの大学でも得点源になったんですよ！

峰岸：**数学**もマーク模試で**10以上**、記述模試で**約12**伸びました。これもすごいですね。どんな学習法をとりましたか？

MKさん：これも授業中心です。毎週行われるテスト（WT）に合わせて、授業の予習、復習該当箇所のプリントの問題、黄色チャートをできるものはすべてこなしました。復習していて解法が思い出せなかった問題は、①問題 ②解法 ③解答 ④ポイントを小さめのノートにまとめるようにしていました。小テストの範囲の黄色チャートで解けない問題も同じノートに同様にまとめていました。このノートは試験直前まで本当に役に立ちました！　どの試験会場にも持っていったし、これを見れば自分の弱点が客観的に把握できるのでかなりオススメです。

峰岸：実際に返却された模試の偏差値を見てどう思いましたか？

MKさん：はっきりと数字で示されると、成績が伸びていることを実感できました。実際に自分の取った偏差値を自分の目で確かめて心が軽くなったことを覚えています。落ち込んだときは、この数字を見てこっそりモチベーションを上げたりしていました。

▶ 夏（8月〜9月）

英語

①塾のテキスト、授業プリント・ノート：復習方法は前期と同様です。

②『システム英単語』・『英熟語ターゲット』・『英語標準問題1100』・英語例文暗記プリント

③『データベース5500合格英単語・英熟語レベル別・テーマ別マスター』（以下DB5500）（エースの副教材として配布される）：峰岸先生の小テストの区切りに合わせて進めて、1セクションごとにテストをしました。結局4章の途中までしか終えられなかったです。

④赤本（私立・国立）：週に5問解くペースで解きました。

⑤『やっておきたい英語長文500』（エースの副教材として配布される）：夏に1周しました。

⑥短文プリント100問：短文の和訳の精度を上げたかったので、峰岸先生に相談して100問作ってもらって9月中には終わるように計画を立てました。問題をノートに貼り、下に訳と直しを書くようにして週に2、3問解きました。疲れたときにサクッと気分転換していました。

⑦整序プリント：整序問題が苦手だったので、峰岸先生に300問作ってもらって、やりました。解けなかった問題は分析とポイントを書いてノートにまとめました。

⑧赤本（私立・国立）：週に4校解くペースで解きました。このあたりからは、大問で分けるのではなく時間を測って本番のようにしました。間違いの分析や読みのポイントを問題文に書いてファイリングしました。また、復習のときに音読をし始めました。

数学

①『やさしい理系数学』：家にあったので解き始めました。多分、当時の私には難し過ぎたと思います。学びも多かったけど、すごく時間を取られたので、後期あたりから解くべきだったと思います。私はこの時期に「やさしい理系数学」ばかりを解き、模試もウィークリーテストも成績が暴落して、本当に痛い目を見ました。

時間のある夏休みは絶対に前期の復習を完璧にするべき！あとは、夏期からは授業のレベルも1段階上がるので夏期プリントもしっかり復習するのがよいと思います。

化学

①塾の授業ノート・問題プリント：やり方は同じです。

②『化学一問一答』『化学標準問題精講』：WTの範囲に加えて、夏の模試で無機が範囲なので、無機の分野を5周くらいして完璧に暗記しました。早い時期に1回しっかり暗記しておくと、後々忘れてしまっても、ちょっと復習しただけで思い出せるようになります。浪人生は時間があるので、じっくり暗記に時間を取れるのは特権だと思います。

③『化学の新標準演習』（エースの副教材として配布される）：夏休み中に全分野1周しました。ハードルが高いかと思ったのですが、ちゃんと考えれば、前期に習ったことだけで解けることを実感できましたし、思考力がつき学力が伸びたと思います。重問がある程度できるようになった人にはぜひオススメしたいです。

物理

①『エクセル物理総合版』：前節と同様にやりました。

②『名門の森』：波動・原子編を終わらせました。やり方は力学編と同様です。

③『良問の風物理頻出・標準入試問題集』：エースの本棚にありました。基礎の復習として気分転換に解いていました。間違えた問題は、名門の森のノートに問題を貼ってまとめていました。

峰岸：夏の反省をしましょう。夏に英語の音読をやっとやり始めたのですよね？

MKさん：んー。そうなんです……実は、「音読なんてうさん臭い」と思って避けていました。でも8月の記述模試で英語の偏差値が下がってしまい（70.2→66.2）サボっていた音読をした方がいいか聞きに先生のところに行くと「やれ」と言われたので、やってみました。実際、音読をすることで英文が頭から読めるようになったと思います。速読力がすごく上がりました。4月から音読をしておくべきだったとめっちゃ後悔しました。あと峰岸先生に「国立を目指すならあなたはもっと英語を上げるべきだ」とアドバイスをいただき、そこから数回マンツーマンで指導してもらいました。そこから成績が1伸びも2伸びもしたように感じてます。

記述模試

	高3(10月)	浪人（5月）	8月	10月
英語	59.8	**70.2**	66.2	**71.7**

峰岸：ほかに夏の過ごし方で後悔していることは？

MKさん：数学です。今でも反省しています。前期の間はWTに合わせてひたすら必要なことをこなし、よい点数も割と簡単に取れました。しかし、自信がついたため、夏は難しい問題にチャレンジして、基本問題をおろそかにしてしまいました。これがその後の伸び悩みにつながるのですが、そのとき（夏の間）はその過ちに気がついていませんでした。

峰岸：少し調子に乗ってしまったのですね。では、逆にうまくいっ

たと思うことは？

ＭＫさん：化学がますます好きになり、高いモチベーションのまま、課題以外のプリントもすべてやり切りました。担当と相談して新しい問題集にもチャレンジしてみましたがとても楽しく勉強できていました。

峰岸：**物理**の偏差値もここからコンスタントに右肩上がりになるのですが、どんな勉強をしていましたか？

ＫＭさん：物理は夏に集中してやると決めていました。６月くらいから始めた問題集が自分に合っていました。それまで勘違いして覚えていたことも多く、この問題集で修正できました。また、担当を質問攻めにすることが成績アップにつながったと思います。特に質問することは大切で、自分が間違えて暗記していることを指摘され、直されることも多くとても勉強になりました。夏の終わりごろには勉強は順調に進んでいる気がしていました。

物理

マーク模試

高3（10月）	12月	浪人（5月）	8月	10月
43.4	48.8	61.2	**72.3**	63.3

記述模試

高3（10月）	浪人（5月）	8月	10月
46.9	53.7	**70.3**	63.8

▶ 後期（9月・10・11月）

英語

①『ファイナル英文法・標準編』（エースの副教材として配布される）：あえて疲れたときに1章ずつ解きました。

②『システム英単語』『英熟語ターゲット1000』『DB 5500』：同じパターンでやりました。

③『解体英熟語』（エースの副教材として配布される）：2冊目の熟語帳です。小テストに合わせて進めていました。やり方は同様です。

④『やっておきたい英語長文700』（エースの副教材として配布される）：週に2文章くらいです。わからない単語は机のホワイトボードに書いて、そのなかで覚えた単語は小さいノートに書き写し、ホワイトボードからは消していきました。この単語ノートはどの試験会場でも直前に見るようにしていました。

⑤赤本（私立・国立）：週に3校程度です（私立2校、国立2校）。記述問題や英作文は先生に提出して、採点していただきました。わからない単語は、単語ノートにまとめました。

数学

①塾のプリント：前期と夏期の分を総復習しました。基本に返り、難しい問題はほとんどやりませんでした。

②赤本：秋からは赤本も徐々に解き始めました。国公立も私立も志望校が決まっていなかったのでいろいろ解きました。解法が思いつかなかった問題やもっと楽に解けたことがわかった問題は「過去問用ノート」にまとめました。このノートも直前期まで大変役に立ちました。①問題、②解法、③解答、④ポイント、⑤分析を必ず書くようにしました。解いたものは防衛医科大、横浜市立大、北海道大、旭川医科大、香川大、北里大、昭和大、

国際医療福祉大、東邦大、東京慈恵会医科大、順天堂大です。

化学

①塾の授業ノート・問題プリント：やり方は同様です。

②『化学一問一答』、『化学の新標準演習』：有機・高分子を中心に復習しました。高分子は出題パターンが少ないので、絶対得意科目にするべきだと思います。

③赤本：志望校でない大学も含めて結構解きました。マーク式の大学の正誤問題は知識問題の穴埋めに役立ちます。また、本番に必要なスピードを早めに体感することができてよかったと思います。ここで見つかった弱点は、すぐにつぶすために、重問・標準演習・新演習・駿台テキスト・授業プリントに載っている、その分野の問題を渡り歩いて全部解きました。これは大変ですがすごく効果がありました！

④大手予備校化学特講：現役のときの夏期講習で受けた講座のテキストに理論有機の計算問題がたくさん載っていたので復習しました。網羅性が高く、受験頻出問題の総復習になりました。計算力もついた気がします。

物理

①『エクセル物理総合版』：小テストに合わせて解きました。

②塾のテキスト：この時期には授業でも全範囲終わっていたので、前期の分から一通り総復習しました。

③赤本（私立・国立）：志望校でない大学も含めて結構解きました。本番に必要なスピードを知る体験ができました。また、物理と化学をまとめて解くようにして、ミスした分野や自己採点の得点を毎回表に記録していました。知らなかった解法やポイントは、問題の脇に大きく書いてファイリングしました。

④『名門の森』：2周くらいしました。まずは何も見ずに解いて、答え合わせの時に1周目にまとめたノートも照らし合わせて確

認しました。

⑤『体系物理』：エースにあった問題集。交流が苦手で、交流の分野だけ解きました。

峰岸：後期が始まってすぐに**数学がうまくいかなくなりました**ね？数学担当が心配して、あなたより先に私のところに来たことを覚えています。

MKさん：そうでしたか。夏の終わりごろから成績の伸びの手ごたえが感じられず、おかしいなと思っているうちに後期に入りました。９月の第１回目のＷＴで点が取れなくなり、それが続きました。３週目まではどんどん順位も下がってしまい、夏の勉強が間違っていたかもしれないと思い担当の先生に相談しました。その結果、難しいことをやり過ぎて、授業の復習が甘くなったのが原因ではないかと言われ、前期のように、基本から応用まで手を抜かず全部やり切るという復習中心の「やり直しスタイル」を再開しました。自分では改善したつもりだったのですが、それでも点が上がらなかったので不安になりました。そこで、前期の分から完全復習をしました。復習の徹底です。これが効果があったようで徐々に点数が取れるようになり１２月の初めにようやく成績が元に戻り、少し安心しました。復習の大切さを実感しました。

峰岸：夏の勉強方法だけが悪かったとは思えませんが、あなたの性格は自分を追い込むタイプではないしがっちりと計画通り進めるタイプでもありません。目標を決めて、ひたすらそこに近づく努力をするタイプですね。マイペースでなかなか修正がききにくいため、目標を決めるときにアドバイザーの客観的な視点、学習過程の管理が重要になるのですね。時間管理のためにこの時期にストップウォッチを買ってもらったりしましたね。うまく計画が立てられなかった点はこちらも反省です。

英語

① 共テ対策（リーディング）：まずは、河合塾、駿台の2021・2022・2023年度用のテキストを時間を測って解きました。時間と正確性が勝負だと思ったので、苦手な大問4・5・6を中心に1日2文章くらい解くようにしました。大問4・5・6は12分を目安にしていました。12月後半からは問題パックや過去問の全問通しを本番より10分短い70分で解くように練習しました。このように、時間を短めに設定して演習したことで、本番も焦らず着実に得点できた気がします。

② 共テ対策（リスニング）：ラスト1か月は1日10分でよいので毎日聞くように言われました。リスニングは、共通テスト本番では1日目のラストの科目なので、疲れたときでも集中できるように、朝ではなく夜に勉強しました。

③ 赤本（私立・国立）：週に3校程度（私立2校、国立2校）。記述問題や英作文は先生に提出して、採点していただきました。**12月からは、ベストな時間配分を見つけるために、時間配分と得点を毎回記録し先生にチェックしてもらいました。**わからない単語は単語ノートに記録していきました。

④『やっておきたい英語長文1000』（エースの副教材として配布される）：集中力のない私は、1000語の長文を読むと最後の方は雑に読んでしまう癖があったので、それを直すために取り組みました。

⑤ 単語帳系：たまに付箋のついているものを見返すくらいで、新しいものは覚えませんでした。

⑥ 峰岸先生の授業ノートと『英語標準問題1100』：文法が抜けていると感じたのと、共通テスト後すぐに試験がある国際医療福祉大学では文法問題が出題されることもあって、**文法の総復習**

を疲れたときに集中的にやりました。1100は春に作った間違い
ノートとイディオム系を中心に復習しました。

数学

①共通テスト対策：英語と同様のやり方です。河合塾は前年度の
共テの傾向を反映していない点が注意です。学習ペースは、
ⅠA・ⅡBを毎日交互に70・60分まとめて解くようにしました。
**大問ごとに解かなかった理由は、共通テストは時間配分をミス
るときついので、時間内にできるだけ点を稼ぐことを意識する
練習をしたかったからです。**あとは、私は集中力がないので、
ガッと集中する練習をしたかったからです。後半はパックを解
きました。個人的に難易度は駿台＞河合＞Z会です。

②赤本：基本は共通テスト対策をメインにしていたので、赤本は
2次力を保つ程度に解くようにしました。目安は週に2大学
（私立・国立一つずつ）。解いた後は上記と同様にノートにまと
めました。

化学

①共通テスト対策：英語と同様の解き方です。数学と同じく河合
塾は前年度の共テの傾向を反映していない点に注意。物理と化
学を毎日交互に解きました。**本番より10分短く50分で解き切
れるようにして、抜けていた知識はノートにまとめました。**後
半は、このテストは注意力勝負的な側面もあるので、時間が厳
しくてもしっかり文章を読むことに注意しました。それにもか
かわらず、本番では文章を読んでない箇所があり、大量失点し
てしまいました……。

②赤本：週に2校ほど。12月からは受験する大学だけを解きま
した。**必ず物理化学セットで解き、時間配分と傾向を記録する
ようにしていました。**

物理

①共通テスト対策：河合、駿台の2021・2022・2023年度用のテキストを時間を測って解きました。河合の注意点は同様。物理と化学を毎日交互に解きました。やはり50分で解き切れるようにして、抜けていた知識はルーズリーフにまとめました。また、図やグラフをしっかり見て、正確に情報を把握する練習をするとよいと思います。後半はパックを確認用として解きました。

②赤本（私立・国立）：必ず物化まとめて解くようにしました。週に2校程度。あくまで2次力を落とさないように解いていたので、そこまで力は入れてませんでした。

> 峰岸：共通テストの結果は目標点に少し足りなかったのですがどうでしたか？
>
> MKさん：数ⅡBの95点以外、どの科目も満足できませんでした。センターリサーチの結果もあまりよくなかったので、国公立は浜松医科に絞り、私立の受験を頑張ろうと思っていました。

▶ 共通テストから合格まで（1月中旬・2月）

英語

①赤本（私立）：ベストな時間配分が見つかるまで、最新年度から遡る形で解きました。しっくりきた時間配分は大学ごとに付箋にまとめて、本番直前に確認するようにしました。記述問題や英作文は先生に提出して、直しと採点をしていただきました。自由英作文は自分の得意分野をいくつか見つけて、本番でそのテーマにさりげなく結びつけられると楽になります。

②赤本（国立）：慈恵の入試が終わったくらいから、国公立に向

けて本格的に取り組みました。浜松医科対策として、峰岸先生が赤本より細かい解説や訳、ポイントなどをまとめて作ってくれた10年分の過去問を解きました。

③『ファイナル英文法・難関大学編』：私立対策のために共テ後すぐにやりました。

数学

①赤本：私立の過去問を、最新年度から遡るように各大学3年分ほど解きました。過去問に出た問題はその大学で二度と出ない問題なので、たくさん過去問を解くことにはあまりこだわりませんでした。それよりも復習や傾向をつかみ戦略を立てることに時間をかけました。私の場合、**数学で点を稼げる学力はなかったので、1問に固執することがないように制限時間を決めたり、傾向を見てこの分野は絶対に点を取る！などを決め、試**験直前に見直しができるように小さな紙にまとめました。

②塾の授業プリント、対策プリントなど：点を稼ぎたい分野を中心に授業プリントや今までやった問題集を復習しました。前期・夏期・後期・直前期の授業で解いた問題は絶対に落とさないように復習しました。**直前までノートまとめは続けました。**

化学

①『化学の新標準演習』：苦手分野だけサラッと1周しました。

②赤本：物理・化学セットで解くことを継続しました。時間配分を考えながら、最新年度から遡る形で進めました。**時間配分は付箋にまとめて試験本番直前に確認できるようにしました。**苦手が見つかったときは、とりあえず埋めることは大切だと思ったので、いろいろな問題集をはしごする復習法を直前まで続けました。浜医の物化は、記述なしなので記述練習はせず、正確に計算することに特に気をつけました。

①『体系物理』：11月に交流だけ解きましたが、自分が今まで解いた問題集とあまりかぶりのない新しい視点の問題が多いように感じたので、その他の分野も復習として解きました。網羅性も高く、とても役に立ちました。近似を使う問題や、原子分野の問題などがたくさん載っていますし、**直前期にぜひオススメしたい問題集です**。特に、クォークの問題が載っているのはこの問題集しかないのではないかと思いました。

②塾のプリント：授業プリントや直前講習プリント、自習用プリントで以前できなかった問題を総復習しました。**ミスしたものはルーズリーフにまとめて、試験直前に見るようにしていました**。

③赤本（私立・国立）：化学と合わせて解きました。ミスをした分野は、簡単なエクセルの問題まで戻ったり、教科書を読み直したりして、放置しないようにしました。浜松医科の物理は、記述問題は出ないので記述の練習はせず、ベクトル量とスカラー量の確認だったり正確に計算することを特に気をつけていました。

峰岸：12月にはエースメディカルでのレギュラーでの授業が終わり、模試もすべて終わりました。どんな心境でしたか？

MKさん：第3回目の記述模試が終わって総合偏差値で70は行きたかったのですが届きませんでした。でも落ち込んでいる暇はないし、逆に、「もっとやってやろう」と思いました。

峰岸：共通テストの対策で気をつけていたことは話してもらいましたが一番気をつけていたことは何ですか？

MKさん：時間を本番より10分短くして解き切る練習をしました。でもその分、問題文の指示を読み飛ばしてしまったり、思い込みで解いて間違ってしまうことも増えてしまいました。特に問題文の長い理科でその配分に苦労しました。本番でもミスってしまいました。このあたりの練習はもっとすべ

　きだったと思います。

峰岸：共通テストが終わりすぐに私立の受験が始まります。この
　　　あたりの切り替えはうまくいきましたか？

MKさん：共通テストの自己採点で落ち込んでいたのですが、と
　　　にかく私立の入試に頭を持っていきました。もう学力は劇
　　　的に伸びないと思い、各科目とも忘れてないかのチェック
　　　や得点を取るために過去問の研究と、時間配分、答案の書
　　　き方などの練習に視点を移していきました。

　共通テストの後の私立の一つ目が国際医療福祉大学でした。入
試問題は手ごたえがあり2回の面接もクリアして合格をいただい
たのですが、早期に合格をいただいたことが本当に安心材料にな
りました。

峰岸：一つ合格を持ったまま受験できるのは心にゆとりができま
　　　すよね。合格を知ったときはどうでしたか？

MKさん：大学生になれると思うとうれしさがこみ上げてきまし
　　　た。この合格があったので、そのあとの生活も勉強も試験
　　　も気持ち的には安定していました。

峰岸：その人に合った受験スケジュールを組むことはとても大切
　　　なのですが、私は、その大学に入学する気はないとしても、
　　　受験日が早い日程の大学を受けてもらうように組んでい
　　　ます。一つ合格しているのとそうでないのでは本当に違う
　　　のですよ。

MKさん：それは間違いないですね。現役生もいきなり第一志望
　　　の大学を受けるのはきついですし、浪人生は受験校は多け
　　　れば多いほどよいと思います。

峰岸：浜松医科を受験する前にはもういくつかの正規合格を手に
　　　していましたね。東京慈恵会医科大学も1次試験に受かり
　　　2次の結果待ちでした。浜松医科大には余裕を持って受験

ド
キ
ュ
メ
ン
ト
医
学
部
合
格
ま
で
の
1
年

できましたか？

MKさん：はい。これは、共通テストの結果が予想より悪かったので、先生と話して、個別試験の英語を得点源にして逆転するという戦略にしました。対策として、峰岸先生が10年分の過去問集を作ってくれました。これは赤本より細かい解説や訳、ポイントなどがあってとても役に立ちました。記述対策や英作文はエースの外国人の英語の先生も含めて総がかりでとても丁寧に指導していただきました。そのおかげで、本番も落ち着いて臨むことができました。作戦が成功しました。

峰岸：センターリサーチでDの判定とかが出てしまうとかなりショックですからね。でもどうしても受かりたいなら、戦略を立ててそこからしっかり取り組むことで逆転はできますからね。冷静に分析して、少しでも勝ち目があるなら諦めてはだめですね。

　　最後に感想と、後輩の受験生に1年で合格するポイントなどをまとめてもらえますか？

英語

　エースメディカルでは現役のときにおろそかにしていた文法事項をゼロから学び直すことができて、流れ、雰囲気で何となく読んでいた長文も、最後はある程度根拠を持って解答できるようになりました。答え方に工夫をするようになり、英文を日本語でうまくまとめる練習などもしました。総合力がつくにつれ得点率は上がったと思います。

　私立医学部の英語の問題は、同じ英語力でも戦略次第で得点率がぐんと伸びる気がします。赤本で傾向をつかんで、時間配分など戦略を練る時間も大切にしてください。エースで勉強すれば英語は絶対得意になるので、信じて頑張ってください！

数学

私はずっと、数学は答えが出れば、どんな解き方でもよいと思っていたのですが、本番のことを考えると、やはり授業で教わったやり方が最短で正確な解法です。そのことに早く気づいて、普段の演習から時間を測り、いかに楽に正確に解けるかを意識しておけばもう少し数学が伸びたのではないかと後悔しています。復習第一！が私の教訓です。

浪人生へ

浪人生にとって数学で特に大事なのは、授業の復習をすることです。私は夏休みに新しい問題に手を出し過ぎて、秋ごろに数学の成績が暴落しました。そこから今まで解いた問題を総復習したことで、本番までにギリギリ立て直すことができました。数学は暗記じゃないとよく聞きますが、特に私立の医学部ではスピード勝負な部分も大きいので、解法パターンを覚えることはたいへん有用だと思います。浪人生は経験値を活かして現役生に差をつけたいところなので、普段から解法パターンを暗記することを意識して、応用力を身につけられるとよいです。

化学

化学という受験科目は最後は暗記＆計算力勝負だと思います。無機、有機、化学反応式、半反応式。一度覚えてしまえば成績は一気に伸びるし、安定して得点できる科目になるので、化学を苦手科目にするのはすごくもったいないです。

私は最初のクラス分けテストで下のクラスでしたが、がむしゃらにやって夏にクラスが上がり、WTで校内で1位を取れました。やればできるということが大きな自信につながり、全科目によい影響がありました。

また、化学は本番の時間がきついことが多いです。暗記物はなるべく早く処理して、残りは正確な計算のために時間を費やすの

がベストかなと思います！

物理

エースの授業では、しっかりと原理を解説していただけるので、自然と問題が解けるようになりました。先生方はとても優しくて、こういう問題を解きたいとか、記述を見てほしいとか、お願いすると個人的に追加で問題プリントをいただけるので、困ったことがあればすぐに相談するとよいと思います。

物理はあるときいきなり成績が伸びます。それまでは忍耐強く問題に触れるしかないので、あきらめずに頑張ってください！

以下は、国語と社会の学習記録です。
ここから先はエースメディカルみなとみらいのHPで購入者限定で公開しています。

高3生編　その1

現役合格　YKさん
（神奈川の私立女子高卒・趣味はK-POP）

◎YKさん：受験の最終結果

- ・横浜市立大学医学部 …… 正規合格（進学）
- ・東京慈恵会医科大学 ……・ 正規合格
- ・昭和大学医学部 ………… 正規合格
- ・東京医科大学（共テ）…… 正規合格
- ・北里大学医学部 ………… 正規合格
- ・聖マリアンナ医科大学… 正規合格
- ・順天堂大学医学部……… 最終合格
- ・慶應義塾大学医学部 …… 1次試験合格（2次は補欠）
- ・東海大学医学部 ………… 1次試験（一般＆共テ利用）合格
  　　　　　　　　　　　　（2次は未受験）
- ・共通テスト …………… 81.3%

◎偏差値推移

マーク式

	高2 第1回	高2 第2回	高2 第3回	高3 第1回	高3 第2回	高3 第3回	高3 共テ自己採
英語	55.3	**70.9**	64.7	69.1	69.3	67.1	90+L92 =182
数ⅠA	56.3	60.8	**71.2**	66.6	50.1	66.2	74
数ⅡB	50.7	61.5	58.5	65.7	63.0	67.9	82

ドキュメント
医学部合格までの1年

155

	高2	高2	高2	高3	高3	高3	高3
	第1回	第2回	第3回	第1回	第2回	第3回	共テ自己採
化学	58.7 (基礎)	66.1 (基礎)	62.5 (基礎)	65.6	66.4	**74.4**	75
生物	49.4 (基礎)	58.7 (基礎)	59.3 (基礎)	65.2	**81.5**	70.4	77
国語			62.2	69.5	69.7	57.6	89+19+41 =149
社会				64.8	**74.9**	78.0	94
総合	66.0	66.0	63.5	68.7	69.4	**70.0**	732点

記述式

	高2	高2	高2	高3	高3	高3
	第1回	第2回	第3回	第1回	第2回	第3回
英語	59.8	68.0	53.7	**73.2**	**71.9**	67.9
数学		68.3	**72.0**	**78.7**	70.7	63.5
化学				69.1	**75.2**	**70.9**
生物				**71.5**	81.6	**71.1**
総合		68.2	62.9	**73.1**	**74.8**	68.4

　　高１の終わりに他塾をやめてこちらに入塾してくれました。授業が始まると、私の予想以上にしっかりと家庭学習で復習を詰めてくることから、かなり根性のある負けず嫌いな生徒だと思いました。宿題などで学習にかなり負荷をかけた時期もありましたが、「誰よりも早くエースに来て、誰よりも遅くまで勉強する」と宣言して、確実に成績を上げてくれました。ただ、「なぜここで？」と思う場面で突然泣き出すこともあり、びっくりさせられたこともありました。そして、その理由を知り、あとで二度びっくりしました。

　では、その勉強を振り返りましょう。

峰岸：エースに来るきっかけと入塾前の成績について教えてください。

YKさん：高校1年のときは一般の塾に通っていました。その塾は医学部志望者がいなかったので専門予備校を探していくつか予備校を見たあとで、一番私に合っていそうなエースに決めました。成績は中くらいで、医学部を目指しているとは宣言できない成績でした。

峰岸：エースに決めた理由は？

YKさん：塾の実績がすごかったのと少人数で融通がききそうだったからです。

峰岸：そうですね、そこは間違いないですね。では主要4科目（英語・数学・化学・生物）の勉強を時系列に教えてください。そのあとで国語と社会の勉強について見てみましょう。

YKさん：わかりました。高2の最初に決めた目標から振り返りますね。

■ 時系列で勉強の振り返り（主要4科目）

▶ 高2生

　英語は週1回マンツーマン（峰岸先生）です。高2の目標は「英語を武器にするために、ほかの人から突き抜ける」ということにしました。具体的には全国模試で偏差値65以上を取るということにしました。

　数学も週1回マンツーマンです。高2の目標は「ⅠA・ⅡBを受験レベルに持っていく」ことです。また、「後々、楽になるので数Ⅲにも少しは手を出していこう」ということにしました。理科は後回しにして「高2の間の学習比重は英語＞数学＞＞＞理科にしましょう」ということにしました。

峰岸：では、実際に勉強した中身を、使用した問題集や参考書も
　　　紹介しながら教えてください。
YKさん：わかりました。

▶ 高２の初め（３月）〜高２の７月ごろまでの学習

英語

①エースメディカルみなとみらいの峰岸先生の授業とテキスト：
　授業があるたびに、今までの授業分を全部復習しました。そし
　て、授業の冒頭で先生に質問されたときに100％答えられるよ
　うにしていました。知識系はしばらくすると忘れるので、小さ
　いノートにまとめていました。
②『システム英単語』（エースの副教材として配布される）：週120
　〜150単語のペースで進めていました。１周終わり次第すぐに
　次の周に入るというのを繰り返しやりました。
③『大学受験スーパーゼミ全解入試頻出英語標準問題1100』（以下
　標準問題1100）（エースの副教材として配布される）：１日３
　つの単元というペースで進めていました。とにかく繰り返しま
　した‼
④『英熟語ターゲット1000』：１日20〜30個ずつ進めていました。
　これも繰り返しました。

数学

①エースメディカルみなとみらいの授業とテキスト：マンツーマ
　ンでⅡB〜Ⅲをやってもらいました。あまり復習をしっかりし
　ていなかった（後にすごく後悔したので、復習はしっかりやっ
　て、テキストは取っておくことをお勧めします）。
②『アドバンスプラスⅠAⅡB（＋Ⅲ）』：学校指定の参考書で、基

礎計算からかなり応用まであります。

　ⅠA、ⅡBは１日５ページぐらいのペースでのんきに進めていました（２周ずつくらい）。数Ⅲは定期テスト前に範囲のところを完璧にできるように詰めました。

▶ 夏（7〜8月）の学習

英語

①〜④を引き続き学習しました。

⑤センターの過去問（10年分以上）：峰岸先生にできると思うのでやりなさいと言われ、夏休みに毎日やっていました。割といい点数がとれてモチベーションキープにも役立ったと思います。共通テストは直前期にやるからあえて残すようにしました（センターと共テの英語は本当に全然内容が違うから注意が必要です）。

数学

①エースメディカルみなとみらいの授業とテキスト：復習の大切さに気がつき、授業後に復習するようにしました。

②『アドバンスプラスⅠAⅡB（＋Ⅲ）』：Ⅲメインで発展問題以外を進めました（３周はやりました）。

③『青チャートⅡB』：＋アドプラだけでは不安だったので、苦手な分野に絞ってやりました（２周は回しました）。

④センター過去問（１〜２年分）：どこまで解けるか力試しのつもりでやっていました。

峰岸：夏までの模試を見てみましょう。５月の模試（マーク式・記述式）で**英語**の偏差値が55を超えました。これは高３生

と浪人生が受ける模試ですからよく頑張りましたね。

YKさん：初めてちゃんと勉強を始めた成果が出ました。今まで知らなかったことをたくさん教えてもらって、楽しく勉強していました。

峰岸：英語はぐんぐん伸びましたね。高2生の8月の模試（マーク式・記述式）では68（記述式）と70.9（マーク式）です！　高2生で70を超えてきたのはすごいことですね。偏差値の上昇ポイント数は7.2（記述式）と15.6（マーク式）ですね。順調に伸びてきたなと思いました。これで国公立医学部現役合格が視野に入ってきました。

YKさん：この時期に初めて「受験する」という意識が生まれました。高2に上がるときは部活もやめて、自習室にも毎日行くようになりました。それ以前はほとんど自習室は使ってませんでした。部活を言い訳に逃げていた部分もあります。塾でも同学年の生徒を見かけるようになり内心「負けるものか」と思っていました。とにかく英語の伸びが自信になりました。

峰岸：自習のとき、英語はどんな勉強をしていましたか。

YKさん：基礎知識の定着です。塾での授業はその場でなるべく吸収するようにしていましたが量が多く、ほとんどの自習の勉強時間は英語だったと思います。特に単語・熟語はどんどん進めました。英語をメインに学習を組み立てて、やったことを報告してアドバイスをもらう、授業を受けて課題をもらってそれも仕上げる、といったことを繰り返しました。塾に行けば質問もできるし相談もできるのでこのころから塾にこもり出したかもしれません。現役生のなかでは誰よりも自習室にいた自信があります！

偏差値推移

	高2	高2	高2
マーク式	第1回（5月）	第2回（8月）	第3回（10月）
英語	55.3	**70.9**	64.7

記述模試

	高2	高2	高2
	第1回（5月）	第2回（8月）	第3回（10月）
英語	59.8	**68.0**	53.7

▶ 秋（9～12月）の勉強

英語

①～③を引き続き学習

④『解体英熟語』:『英熟語ターゲット1000』をほぼ完璧にしたの
で2冊目の熟語帳を先生からもらいました。1周目は1日30
問ペースです。前半は簡単でしたが、後半はなかなか難しくな
りました。2周目は1日50問、3周目は100問など回転ペース
を上げながらやり込みました。

数学

夏と同じように①～④を引き続きやりました。

化学

①学校の勉強:授業のプリントと教科書のみしかできませんでし
た。

②『とってもやさしい化学』:超簡単な問題集。正直やる意味はな
かったかもしれません。苦手意識改善の第一歩には最適です。

③『大学入試全レベル問題集①・②（理論・無機）』:①～④があり

ますが、①の内容ですらままならない状態でした。各ステージ1週間で終わらせるようにやりました。間違えた問題にチェックを入れて、そこだけ解くというのを繰り返して全問正解になったら、次のステージに上がった気がします。

峰岸：記述模試の結果を見ましょう。マーク模試では**数学ⅡB**は50.7（5月）から61.5（8月）と10.8伸びました。**数学ⅠA**では60.8（8月）から71.2（10月）と10.4伸びています。記述式でも68.3（8月）から72.0（10月）と70台に乗りましたね。高2の時点で**英語と数学を「ぶっちぎれ」**と言っていたのですがしっかり実践してくれました。何かコツはありますか？

YKさん：偏差値がすごいね、と言われても偏差値の意味がよくわからなかったのです。それよりもテスト自体がよくできていなくて「自分はまだまだだ」と思っていました。自己採点するといろいろと間違いが見つかって、「あれもできたな、これもできた。こんなミスしてる」と間違いがたくさん見つかり苦しくなって涙が出ました。自己採点表を提出する際にはいつも先生の前で泣いていました。

峰岸：私は浪人生も含めた自己採点を見ているし、ほかの人より点が取れているので、自己採点表を見ても肯定して褒めていました。**厳しい言葉はかけていませんが泣いているので不思議に思っていました。**理想の自分と戦って負けていたから悔しくて泣いていたのですね。これが分かったとき、まだ1年あるのに**合格を確信**しました。

偏差値推移

	高2 第1回（5月）	高2 第2回（8月）	高2 第3回（10月）
マーク			
数ⅠA	56.3	**60.8**	**71.2**
数ⅡB	**50.7**	**61.5**	58.5

記述模試

	高2 第1回（5月）	高2 第2回（8月）	高2 第3回（10月）
数学	**68.3**	**72.0**	

▶ 高２の終わり１～３月

英語

①～⑤を引き続き学習です。

②『システム英単語』：この時期にはこの本を回し過ぎて、位置やページで次の単語が分かるようになっていたので、目次のページを使うようにしました。目次は似たような単語が並ぶので、似た単語の識別に非常に役立ちました。

⑥『やっておきたい英語長文500』：塾にあった問題集、先生に言われ始めました。テーマが一般的で一度は読んでおきたい内容ばかりです。手軽であり、長文慣れしたかったので毎日やっていました。時間制限の目安より短い時間で解き切ることを意識するように言われました。知らない単語は単語帳にまとめ、毎日音読をするように言われ実践しました。音読時には頭の中で和訳しながら読むようにしていました（この方法はACEの先輩がお勧めしていたので真似してみたが本当によかったと思います）。

⑦『やっておきたい英語長文700』：『やっておきたい英語長文

500』が終わったので、その流れで同様にやり続けました。

数学

①〜④を引き続き学習
⑤『大学への数学：1対1対応の演習』シリーズ：非常にお勧めです‼ 先輩方が使っていたから始めたのですが、分野ごとに問題パターンとその解き方が細かく載っています（ⅠA、ⅡBを2周しました）。受験までに全範囲を6周ほどはやったと思います。

化学

①〜③ 引き続き同じようにやりました。③は最後はやり込んだと思います。

生物

①学校のノート：定期テスト前に勉強する程度でした。
②『実践アクセス総合生物』：学校指定の参考書です。標準レベルから応用レベルまで載っていますが、テストの範囲に合わせて進める程度しかやれませんでした。

峰岸：では高2の学習のまとめをしてもらいましょう。
YKさん：はい。

英語は自力で偏差値65まで上げられる人は自分のやり方でよいかもしれません。でも、医学部に進むなら英語のプロになる必要はないので塾や予備校の先生の言う通りに学習をスタートする方が効率的だと思います。塾や予備校の先生と話して、弱点プリントをもらったり、オススメの参考書を教えてもらいました。峰岸先生に何度も言われましたが、「高2の間に英語がどれだけ伸ばせるか」が非常に大事だと思います。

　数学は塾のプリントとアドバンスを中心に学習しました。学校の定期テストにかかわらず自分のペースで頭から復習し直しました。ⅠA、ⅡBの抜けがないようにしていました。

　化学は高2のときは苦手科目で大きな不安要素でした。夏から高3秋までにいろんな問題集を解きまくって克服するようにしました。高3になると、いつの間にか得意科目になっていた気がします。

　生物は高2から全力でやる必要はないと思います。高3で英語と数学が固まっていれば、大量の時間をかけることができます。それと、生物か物理かの選択は峰岸先生と相談して生物にしました。

偏差値推移（高2）

	高2	高2	高2
マーク	第1回（5月）	第2回（8月）	第3回（10月）
英語	55.3	**70.9**	64.7
数ⅠA	56.3	60.8	**71.2**
数ⅡB	50.7	61.5	58.5
化学（基礎）	58.7	66.1	62.5
生物（基礎）	49.4	58.7	59.3
国語	62.2	69.5	69.7
社会	64.8	**74.9**	**78.0**
総合	66.0	63.5	68.7

記述模試

	高2	高2	高2
	第1回（5月）	第2回（8月）	第3回（10月）
英語	59.8	68.0	53.7
数学		68.3	**72.0**
総合		68.2	62.9

峰岸：では、受験学年（高3）になってからの勉強を振り返りま
　　　しょう。高3では「土日選抜クラス」コースに合格したの

で、月～金曜日は2日ほど授業で、あとは土日に集中して
　　授業のあるスタイルになりましたね。
　　　4月から土日選抜クラスの上位クラスは4人限定で、集
　　団授業が始まりました。どんな感じでしたか？

YKさん：このクラスは最初から最後まで**皆バチバチしていた**気
　　　　がします。常に緊張感があり全員が現役医学部合格という
　　　　明確な目標を持っていたと思います。

峰岸：授業中の皆の様子はどうでしたか？

YKさん：皆よくできるので、自分のできないところを突きつけら
　　　　れた気がしていました。このクラスでは自分が一番できな
　　　　いと思って必死に授業にくらいついていこうと思っていま
　　　　した。気を抜くと置いていかれるという恐怖心がありました。

峰岸：この「このなかで自分が一番できない」という気持ちは実
　　　は全員が感じていたということを、受験のあとになって初
　　　めて知ることになりますよね。

YKさん：はい。塾内では浪人生は私語は禁止で、現役生にはその
　　　　ルールはなかったのですが、とても私語ができる空気感で
　　　　はなかったです。ですから、そのときは皆の気持ちを知る
　　　　こともなかったです。皆が頑張っていたので、私も頑張れ
　　　　たと思います。切磋琢磨し合って全体のレベルが上がって、
　　　　最終的には全員の合格につながったので「自分はできない。
　　　　まだやらなくちゃ」という気持ちは大事ですね。

峰岸：そうですね。結局、このクラスは、Kさんが横浜市立大学
　　　に進学したのをはじめ、**全員が医学部に進学しました**。し
　　　かもK君は**東京慈恵会医科大学**、Nさんは**順天堂大学医学
　　　部**、Aさんは**東邦大学医学部**に進学しています。もう一つ
　　　のクラスからもHさんが**国際医療福祉大学**、Tくんとｌさ
　　　んが**杏林大学医学部**に進学しました。**土日選抜クラス10人
　　　全員が1次試験合格、7名が医学部進学**という素晴らしい
　　　合格実績を果たしましたね！　よく頑張りました。

YKさん：クラスの皆が現役で受かってうれしかったです。しかも皆が違う大学の医学部なので、大学に入ってからもお互いに情報交換したりして一気にネットワークが広がりました。

▶ 春から夏（4月〜8月ごろ）

英語

①峰岸先生の和訳特別プリント：難易度MAXの和訳問題です。和訳のステップアップを目指したいと相談して出してもらっていました。内容はもとより、単語も言い回しも難しかったです。比喩が多く直訳だけでは日本語の意味が通じなくて苦戦しました。毎日進めて、進めるたびに先生に添削をお願いして解説をしてもらいました。知らなかった英単語は全部調べて単語帳に追加していました。

②『データベース5500合格英単語・英熟語レベル別・テーマ別マスター』（以下DB5500）：シス単が完璧になったので新しく渡されました。難易度高めの単語集です。峰岸先生にテストプリントをもらい、4〜7月で1周、8〜10月で2周目を終わらせました。この単語帳は難しいのですが、医学部の文章には頻出の単語が多く載っているので、シス単が仕上がったらぜひやるべき単語帳です。

③『即戦ゼミ3大学入試英語頻出問題総演習』（以下即戦ゼミ3）：『標準1100』と『解体英熟語』の総まとめ＋αというイメージの問題集です。授業の宿題として2週間に1章やるように言われていたのですが、なるべく授業の進度より先へ先へと進めるようにしていました（始めたのは8月からだったと思います）。

④『速読英単語』：夏休みが始まってから、気が向いたときに読みたい話を読んでいました。これは気分転換程度に使いました。

ドキュメント　医学部合格までの1年

⑤『解体英熟語』：授業に合わせてテストの単元がありそれに合わせて進めました。

⑥『英文法道場正誤・整序問題300選』：授業で整序を苦戦していたので先生に渡されました。苦手だったので2周ずつはやりました。

⑦過去問演習：香川大学や川崎医科大学から始め、いろいろな学校の過去問を解くように言われ、その通りやり始めました。ちゃんと志望校を意識して解き出すのは夏休み明けからでよいと言われ、そうしました。

数学

①エースメディカルみなとみらいの授業とテキスト：ようやくしっかり復習ができるように力がついてきました。何度も解いてできない問題はコピーして切って、ノートを作って繰り返し解いていました（直前期に大活躍しました！）。

②『大学への数学 1対1対応の演習』：Ⅲもしっかり解き出しました（3周くらいはやりました）。

③『アドバンスプラス数学Ⅲ』：苦手な単元を中心に進め、まだ解いてなかった発展編のところも解きました。

④『オリジナルスタンダード』：難易度かなり高めの参考書です。このときは全然解けなくて、定期テスト前に範囲のところを2〜3周やる程度でした。

⑤過去問演習：（7月中ごろまで）試しに比較的簡単な大学を選んで解いてみました。第一志望も自分の現状把握のために一度解いてみるとよいと思います。私もやってみましたが、思ったよりもできた気がします（できなくても落ち込み過ぎないようにしましょう‼）。

（9月から）本格的に解き始めました。数学が難し過ぎる大学のものはあまり解きませんでした（慈恵会医科大・慶應義塾大医学部など）。一応、時間を測って解きましたが、時間内に

終わらなくても最後まで解き切ることを優先していました。2020、2021年度のものは直前期に解こうと決めて、あえて残しておきました。

化学（3月・4月・5月ごろ）

①エースの授業とテキストＡ：少しずつ理解と暗記をしました。最終的には１年かけて理論・無機の範囲を進めるようになっていました。前期は知識詰めがメインで後期は医学部のなかでも上位校の演習を多く扱っていて、難易度は高かったため、授業についていくのに必死でした。確実に計算力と応用問題対策につながりました。テキストは全部取っておいて、直前期に全部解き直しました。

②エースの授業とテキストＢ：少しずつ理解と暗記をしました。最終的には１年かけて有機の範囲を進めました。知識詰めがメインでしたが、大量の復習問題（大学の過去問のうち良問の詰め合わせプリント）で演習を積みました。細かい知識も何度も復習を重ねることで身につけるようにしていました。

③『大学入試全レベル問題集②・③（理論・無機）』

④『シグマ基本問題集化学基礎』：難易度は低めですが、このときはかなり苦戦していました。頑張って３周しました。『重要問題集』を学校でも塾でも勧められましたが、今の自分には難し過ぎると思い手を出しませんでした。

化学（5月〜8月ごろ）

①②は同じやり方で。

③『シグマ基本問題集化学基礎』（理論・無機・有機）：化学が全然できず、不安だったので『重要問題集』を始める前に１日10問ペースで進めました。３周はしたと思います。有機はかなり自分の理解度が遅れていて、夏休みから本格的に始めました。

④『化学頻出スタンダード問題230選』（理論・無機・有機）：ひ

ねった問題が少なく、頻出問題の王道の解き方を身につけるのに最適だったと思います。できない問題を繰り返し解きました。最終的に5周ほどしました。

⑤『重要問題集』（理論）：標準レベルの問題集は解けるようになってきたころ（夏休みに入るころ）解き始めました。1日2章をこなしました。

⑥『化学一問一答』：もっと早くから始めておけばよかったものNO.1です。先生からも言われていたのに、なぜか夏休みが始まるまでやりませんでした。クラスのACE生がやっていることに気がつき、急いで始めました。結局、化学基礎はやる時間が取れませんでした。1日10ページずつ進めました。

⑦センター過去問（5年分）：知識を入れるために解いていました。できなかった問題はノートにまとめて、読むようにしました。

生物（3月・4月・5月ごろ）

①エースメディカルみなとみらいの授業とテキスト：授業に遅れないように毎日目を通して、帰り道などでノートの内容をそらんじて言うようにしていました（抜けがあったら電車の中でチェック！していた）。

②『全レベル問題集①』：化学で使ってみてよかったので、生物でも使いました。1週間で1周目を終わらせるのが目標でした。3周はやりました。

③『全レベル問題集②』：同じやり方で。

④『実践アクセス総合生物』：目を通す程度でした。

生物（6月～8月ごろ）

①エースメディカルみなとみらいの授業とテキスト（一問一答）：もっと早くから始めておけばよかったものNO.2！　先延ばしにして、存在を忘れていました。夏休みに思い出し、追いつく

べく毎日進めました。鉛筆で解くのではなく、オレンジのボールペンで答えを写しながら覚えて、赤シートで繰り返し解けるようにしました。

②エースメディカルみなとみらいの授業とテキスト（記述テキスト）：国公立や一部の私立（慈恵会医科大、慶應義塾大学医学部 etc.）では記述力が求められるので、それの対策として進めていました。

③『全レベル問題集③』：やり方はほかの単元のものと同じです。

④『実践アクセス総合生物』：休み明けの定期テストに備えて、少しだけやりました。

⑤センター過去問10年分：知識を詰めるためにやりました。間違えた問題はノートに切り貼りして何度も目を通していました。時間制限は特に意識していなかったと思います。

⑥『大森徹の最強講義117講生物』：もっと早くから始めておけばよかったものNO.3！　周りの友人がやっていたのは知っていたが、何となく先延ばししていました。夏休みに入ったので、1日15講ペースで進め、1周し、その後は1日2章ペースで回し、最終的には6周くらいはしました（あくまでサブのテキストとして活用し、網谷先生のプリントに載ってない知識があったら、先生のプリントの方に書き加えていく方法を取りました）。

⑦『リードα』：網谷先生の授業で今までに終わった単元を補強する目的で3周しました。

峰岸：8月のマーク模試と記述模試で、2回も**生物**の偏差値が80を超えましたね！　なかなか偏差値80は取れないと思うのですが、この数字を見たときの感想はどうですか？

YKさん：高3のはじめの模試の結果が塾内で総合1位でした。このときから自分との戦いが始まった気がします。どんなに点数や偏差値がよくてもケアレスミスがあったり、見た

ことがある問題が解けなかったりすると悔しくて涙が出てきました。ですから、生物で偏差値が80を超えてもうれしさよりも、まだできていないところや復習できていないところに目が行って悔しかった気持ちが強かったと思います。

峰岸：客観的にはすごい偏差値ですので本人を褒めたのですが、本人は「ほんとですか？」と一瞬、うれしそうな表情をするのですが、すぐ「でも……」といった感じでした。この向上心には驚きましたが、ネガティブ過ぎる面があったので、この時期、もう少し自己肯定感を高められていたらとも思います。

偏差値推移
記述式模試での偏差値

	高3（5月）	高3（8月）	高3（10月）
生物	**71.5**	<u>**81.6**</u>	**71.1**

マーク式（共通テスト模試）

	高3（5月）	高3（8月）	高3（10月）
	第1回	第2回	第3回
生物	65.2	<u>**81.5**</u>	**70.4**

▶ 後期（9月〜12月ごろ）

峰岸：この時期（8・9・10月の中ごろ）は**英語の勉強時間は極力少なくしなさい。それに代わって理科の比重を上げなさい！**という指導をしました。どうでしたか？

YKさん：生物はやればやるほど点数が伸びたので楽しかったです。化学は、どうしても苦手意識があったので「化学は楽しー」とか「できるようになれば楽しくなる」と自己暗示をかけ

て勉強していました。ブツブツと口に出して自己暗示をか
けていたので自習室で隣の人に変な人だと思われたかもし
れません。

峰岸：この時期、「寒くなるのが怖い」と言っていましたね。

YKさん：「寒くなる＝受験が来る」ですから、なかなか受け入れ
がたいものがありました。

峰岸：学校はどうでした？

YKさん：コロナの影響で休みになることが多く、私にとっては
ラッキーでした。その分浪人生と同じくらい受験勉強でき
ると思いました。

峰岸：実際に冬になり寒くなったときに焦りは感じましたか？
どんな感じでした？

YKさん：はい。もう時間がない、とあせり始めました。夜遅くま
で勉強して睡眠不足気味でした。塾では暖房が気持ちよく
て、うとうとしそうになるので、わざと薄着をして寒くて
眠れないようにしました。

峰岸：そうですね。半袖でしたね。生徒用のハンガーにセーラー
服がかかっているのを見て皆が驚いていましたね。

YKさん：はい、着替えて楽な恰好で勉強していましたね。勉強優
先です。

峰岸：学校の受験指導はどうでした？

YKさん：はい、基本は本人任せです。でも、受験校を提出しなさ
いと言われ困りました

峰岸：医学部の受験校は選び方が特殊で一般の学部受験の視点と
は違いますよね。

YKさん：はい。仕方ないので「あとで変わると思います」と言っ
て仮案を出しました。

峰岸：うちの生徒は受験校選びは12月ですからね。この時期には
まだ早い。

YKさん：そうです！　この時期に受けないかもしれない大学のこ

ドキュメント　医学部合格までの１年

173

とを調べたりするのは時間の無駄だと思っていました。少しでも勉強時間がほしい時期でしたから。

英語

①『システム英単語』、『英熟語ターゲット1000』、『標準問題1100』、『解体英熟語』、『即戦ゼミ３』：このあたりの時期から２か月に１回のペースで忘れていないかどうかをチェックしていました。

②『私立医大の英語（長文読解編）』：先生から解くように渡されました。この参考書は、本当におすすめです！ 受験会場にも持って行きました。一度読んだことがあるかどうかで合否が分かれる医療系の長文問題集です。文章の間にある医療系英単語も頻出のものばかりです。ただし、実は誤訳、内容の間違い、誤植も少なくないくらいあります。私は峰岸先生に修正してもらっていました。国公立版もありますが先生と相談し、内容の適切さと残された時間を考え私立の方しかやらないことにしました。

③『英文法・語法・良問500＋４技能』：並べ替え問題が苦手だと気がつき峰岸先生に相談しやり始めました。だいたいできるようになりましたが、全部は終えられなかったです。

④『やっておきたい英語長文1000』：２日に１題のペースで軽くやりました。

⑤『DB 5500』：ほぼ毎日、５分でもよいのでチェックしました。

⑥防衛医科大過去問５年分（10月）：防医の過去問は時間も厳しく、難しくて、かなり苦戦しました。防医合格というよりは難易度高めの長文演習を積むために解いていました。

⑦過去問演習：英語は問題数や時間配分などに学校ごとの癖が強く出るので過去問はしっかり解くべきです。だいたいどの学校も２〜３年分はやりました。第１、２、３、４志望校は過去問に

掲載されている分は全部やりました。最初のころは買った過去問をきれいに使っていましたが、途中からはコピーする時間がもったいなく感じて全部書き込んでやっていました。

⑧共通テストリスニング：（10月まで）**伸び悩んでいたので学校の登下校中にシス単やデータベース、参考書のリスニング用音声、YouTube に載っている音声を聞いていました。**

　（11月から）センター、共通テストの過去問や予想問題集を大問で区切って聞くようにしたりもしていました。同じ音声をシャドーイングできるようになるまで繰り返し聞きました。悩んでいる人はすぐに峰岸先生に相談しに行ってください。リスニングはすぐには伸びません。

数学

①エースメディカルみなとみらいの授業とテキスト、まとめノート：久し振りに開いたらほとんどできなくなっていたので、急いで時間を作って復習しました。

②〜④　引き続き学習しました。

⑤過去問演習：入試本番までに時間内に終わらせる練習を気が済むまでやりました。

⑥防衛医科大過去問（10月）：難しいのですが1年分はやりました。

⑦『青チャート』：2周しました。

化学（9月から10月ごろ）

①と②は前節と同様に進めました。

③『重要問題集』（理論・無機）：すべてチェック。

④『全レベル問題集』：難易度は高いですが、国公立を目指していたのでやっていました。2周やりました。

⑤『有機化学演習』：『重要問題集』の有機の部分はかなり癖がある、と友達から聞いていたので、エースの先輩が使っていたこの問

題集を使いました。有機専用の問題集で、細かく単元が分かれています。構造決定問題がメインですが計算も鍛えられるので一度はやっておきたいと思います。5周はやったはずです。

⑥『化学の新標準演習』：苦手だった［酸化・還元］［酸・塩基］［化学平衡］の範囲は4周は回しました。ほかの範囲は2周ほどやりました。

⑦過去問演習：志望校に絞って解いていましたが、数学・英語に比べて過去問は重視していませんでした。解いてみて時間内に終わらなかった大学のものは悔しいので3年分くらいはやりました。1年分丸ごと通して解くことができなかった大学も多数あります。

生物（9月〜11月ごろ）

①エースメディカルみなとみらいの授業とテキスト（一問一答）：知識を詰めるために進めました。10冊×2の分量がありますが、3周目以降は毎日5冊ペースで、4日で1周できるように進めました（受験まで毎日）。

②エースメディカルみなとみらいの授業とテキスト（記述テキスト・穴埋めテキスト）

③『全レベル問題集④』：やり方はほかの単元のものと同じ。3周しました。

④『実践アクセス総合生物』：この時期になって、「学校の進度では受験までに全範囲終わらない」ことに気づきました。エースでは進度は速かったので、学校の定期テストは前日に目を通すだけで9割近く取れるようになっていました。

⑤『大森徹の最強講義117講生物』と『大森徹の問題集』：大森徹の問題集があると聞いたので、買いました。しかし、私には難易度が高過ぎたので、1日2問ずつペースでやりたい問題だけをやりました。それでも1か月もしないうちに断念しました（解いた問題だけはしっかり復習するように心がけました）。

⑥『セミナー生物』：基本問題は問題なさそうだったので、演習問題と最後の総合問題と長文問題だけをやりました。２週間で１周のペースで３周はしました。論述問題は繰り返し解きました。

▶ 12月から共通テスト（1月中旬）まで

英語

①共通テスト対策：共通テストの２年目で過去問数が少なかったので、エースにあった、いろいろな予備校（Ｚ会、駿台、河合）の予想問を解きまくりました。

②単語帳、熟語帳など15分単位でアトランダムにチェックしました。

数学

①エースメディカルみなとみらいの秋永先生の授業とテキスト、まとめノート：久し振りに開いたらほとんどできなくなっていたので、急いで時間を作って復習しました。

②共通テスト対策：英語と同じ要領で解きました。

化学（11月から共通テストまで）

①共通テスト対策：英数と同じやり方で詰めました。

②重要問題集（有機メイン）：忘れや抜けがないかチェック。

③一問一答化学：忘れや抜けがないかチェック。

生物（12月〜共通テスト（1月中旬）まで）

①共通テスト対策：英語・数学と同じやり方で過ごしました。

②エースのテキスト（一問一答・穴埋め・小問集合）：小問集合を始めましたが、この時期からやっても試験までに全部は終わ

らないと思い、比較的苦手だった遺伝・生殖・発生に絞って進めることにしました。

峰岸：共通テストについて振り返ります。

　　　共通テスト利用で東京医科大学、東海大学、順天堂大学に合格しましたが、共通テストの対策についてお聞きしましょう。共通テスト導入から2年目でしたが何か意識しましたか？　共通テストの位置づけはどうでしたか？

YKさん：私はこの時期、東京慈恵会医科大学が第一志望でしたので、共通テストは国公立の足きりという感覚でした。過去問が1年分しかなかったので、どのような傾向になるのかあまり予測もできずがっつり対策すると言うよりもできない問題をなくすことに時間を割きました。予想問題を解きましたが、難易度がばらばらで結果はあまり気にしませんでした。

峰岸：苦手科目の攻略法や注意点はありますか？

YKさん：リスニングは自分のなかでは壊滅的でしたので、不安が大きかったです。テストの途中で集中力も切れてひどい点を取ることが何回もありました。そこで共通テストの対策問題集に絞り、リスニングの強化をしました。今週は2番だけ通す、翌週は3番のみのように学習し、解答は本文のどのあたりで読まれているかなどのパターンをある程度身につけました。

　　　数学で気をつけたこともあります。文章問題が長く、登場人物もいたりするので、時間管理を意識しました。長いものは後回しにして、先に解けるものを意識して練習しました。

　　　生物では過去問は問題文が長く、生物の知識がなくても読解力で取れる問題もあったので、普段からいかに大事なものを取りこぼさないで読むか、大事なポイントを落とさ

ず1回でつかめるかという練習をしました。

峰岸：実際、本番はどうだったのですか？　特に数学ⅠＡの平均点は37点という過去に例のないほど低いものでした。

YKさん：この年はすべての科目で難化していて心が折れました。特に数学ⅠＡが終わったときの試験会場では悲鳴が上がったり、泣いていた生徒もいました。私もこのようなテストで点を取るにはどんな勉強をすればよかったのかとこの1年を振り返り、悲しくなりました。得意の生物も文章を読めば生物選択者でなくても解ける問題も多く、勉強の成果が発揮できないと感じてがっかりしました。

峰岸：私は個人的には共通テストは今のところ大失敗だと思っています。ここに来るまでにも何度も方向性が変わり、それに振り回される受験生はかわいそうです。今後は方向性もかたまり、徐々に改善されていくはずですが、一生に一、二度しかない入試でこうしたことに遭遇するのは理不尽な気がします。もっと十分な検証期間を取って変えていくべきです。

▶ 共通テスト後（1月中旬）〜受験（2月）まで

峰岸：受験パターンの組み方で気をつけたことは？

YKさん：国立は共通テストはよくなかったですが予定通り横浜市立に出すことにしました。私立は家から通える首都圏の医学部を中心にチャレンジ校、実力相応校、押さえ校を親、塾の先生と話して決めました。

峰岸：受験期の過ごし方（試験期間中）はどうでしたか？

YKさん：コロナも流行っていたので体調管理に注意しました。しっかり食べること、寝ることは大事です。また、モチベー

ションを保つために、塾には試験中も毎日来ていました。特に試験後に問題を持って行って待機している先生に答え合わせと解説をしてもらったのには感謝しています。

峰岸：試験直後にネットに上がったり、配られる解答速報はどうしても時間の制約などもあり、間違えているものもありますからね。

YKさん：実際に解けなかったり知識が甘かったところを、その日のうちに埋めることで次の入試にパワーアップして向かえた気がします。

峰岸：試験は連続しますから、移動などは大変でした？

YKさん：はい。2次試験はその大学のキャンパスまで行かなければならないので、試験日が重なると体がきつくなりました。順天堂大学の受験日は前日からホテルに泊まりました。

峰岸：受験勉強の最後の期間の勉強を振り返ってください。

英語

前節の①②③を繰り返しました。

④『DB 5500』：目次を活用しました。どうしても覚えられない単語は小さい単語帳に書き加え、登下校中にやっていました。

⑤『1日20分の英語長文15』：長文の読解力が落ちた気がしたので問題集を毎日読むようにしました。

⑥『1日40分の英語長文』：⑤が終わったので流れでやりました。

⑦過去問演習：受験する大学の問題をまるごと、時間を意識しながら解きました。⑥も⑦もエースにあったのですぐコピーしてすぐできました。

数学

①エースメディカルみなとみらいの授業とテキスト、まとめノート

②『大学への数学1対1対応の演習』：たくさん×がついている問

題だけやりこみました。

③『青チャート』：極限・微積演習に絞ってやりました。

④『オリジナルスタンダード』：最後に2周回しました。

⑤過去問演習：最終的に本番だと思って取り組みました。第1〜3志望は7年分を、第4〜9志望は1〜2年分をやりました。

⑥学校でもらった微積＆極限プリント：大問50問ぐらいのテキストです。受験直前の解法総復習として使いました。

化学

①エースメディカルみなとみらいのテキストA：難易度高めの問題の宝庫！　5周ほど解いていました。

②エースメディカルみなとみらいのテキストB：授業で出た知識問題は全部取りこぼさないように確認をしていました。

③過去問演習：すべて解く時間はなかったので、解答を先に見て、自分が知らなそうな知識があったらノートに写すという方法で進めていました。

④エースのオリジナル試験問題：化学と生物はテスト後に採点し、網谷先生に解説をしてもらっていたので、次の試験で同じ問題が出たら、取れるように心がけました。

⑤『一問一答化学＋α』：化合物の分子量は頻出30種類（硫酸・サリチル酸・グリシンetc.)、酸化還元反応式、無機反応式、電池などの暗記に使いました。

生物

①エースメディカルみなとみらいのテキスト（一問一答・穴埋め・小問集合・記述テキスト）

②『セミナー生物』：記述問題を意識して最終復習に1周しました

③『大森徹の最強講義117講生物』：最終復習に1周しました。

④過去問演習：化学と同様。

峰岸：では高３の４科目（英語・数学・化学・生物）学習のまと
　　　めをしてもらいます。
YKさん：**英語**は峰岸先生にやるように言われたことは全部やるこ
　　　と！　それに加えて、自分で不安だと感じているところ（長
　　　文速読、並べ替え、和訳）を先生に話してプリントを出し
　　　てもらったり、オススメの参考書を教えてもらったりして
　　　いました。単語（熟語も！）を知らないと文章が読めない
　　　から、毎日単語覚えて、何周も回すようにしてください。
　　　３周程度では受験で勝てません。単語、熟語系は数え切れ
　　　ないくらい回しました。付箋を有効活用しましょう。
　　　　数学は一つの参考書に絞って繰り返し解く。新しい参考
　　　書に手を出す場合は、目次で問題数やページ数を確認して、
　　　１日何問ずつ進めれば、何日でその参考書が終わるのかめ
　　　どを立ててから始めるようにした方が良い（複数の参考書
　　　を進める時も同様）。
　　　　解いてできたものには〇、できなかったものには×の印
　　　を、解くたびにつけていくこと。また戻ってきたときにで
　　　きる問題を解くのに時間を使わないために（１回目から〇
　　　の問題はもう解かないなどルールを決める）。
　　　　化学は無機は反応式を覚えるだけです。有機は覚えて
　　　構造決定するだけです。理論は反応式を覚えて問題集解
　　　きまくって解法覚えるだけです。結局、化学は暗記科目
　　　です!!
　　　　生物は網谷先生のノート、プリント類をしっかり復習
　　　すれば大まかな知識は全部身につく。不安なら、それに加
　　　えて大森徹の最強講義や、セミナーを活用するとよいと思
　　　う。生物は膨大な量の暗記が求められるし、授業の進度は
　　　とても速いので、授業後必ず、すぐに見直しして、その日
　　　中の記憶定着を目指そう。後回しにすると、絶対に後悔する。
　　　全部完璧に暗記したと思ったとしてもノートは毎日目を通

すこと（数日空けただけで振り出しに戻ります）。**授業中に先生が言ったことは生物関連なら全部メモすること**。持ち運びやすいサイズのノートを用意して、覚えられない知識や記述を付箋で貼りつけて登下校時に目を通したりするとよいと思う。

　以下は、国語と社会の共通テスト対策の学習記録です。

　ここから先はエースメディカルみなとみらいのHPで購入者限定で公開しています。

現役合格　MHさん
（神奈川の私立女子高卒、趣味はバレーボール（当時））

◎最終結果

- ・東京医科歯科大医学部……………… 正規合格
- ・東京慈恵会医科大学 ……………… 正規合格
- ・順天堂大学医学部……………… 正規合格
- ・日本医科大学医学部 ……………… 正規合格
- ・昭和大学医学部 ………………… 正規合格
- ・防衛医科大学校 ………………… 合格（2次は未受験）
- ・センター試験…………………… 93.3%

◎偏差値推移

	高2	高2	高2	高3	高3	高3	高3
マーク	第1回	第2回	第3回	第1回	第2回	第3回	センター
英語	62	61.8	59.4	**70.2**	**71.9**	66.3	244/250
数ⅠA	59.8	62.9	57.1	66.6	68.9	**75.5**	94
数ⅡB	—	63.9	64.8	**73.7**	**70.7**	**70.4**	88
国語	—	—	—	**70.1**	69	64.2	184/200
化学	—	56 （基礎）	51.6 （基礎）	67.7	67.5	66.2	88
生物	—	47.9 （基礎）	59.8 （基礎）	**71.6**	**70.6**	**70.5**	100
社会	—	—	—	57.8	52.3	64.2	88

	高2	高2	高2	高3	高3	高3
記述	第1回	第2回	第3回	第1回	第2回	第3回
英語	—	60.8	64.1	**71.4**	**73.3**	**77.4**
数学	—	57.1 （Ⅱ型）	68.5 （Ⅱ型）	61	**77.6**	68.7
化学	—	62.3	57.1	67.6	69.4	64.5
生物	—	51.9	66	**70.2**	**75.1**	**71.4**

　現役で東京医科歯科大学医学部に受かったMHさんの例を見ましょう。中高一貫の女子高の出身です。高1までは大手の塾に通っていましたが、なかなか成績が上がらず、自分で予備校を探してエースメディカルに来てくれました。体験授業を受けてすぐに入会して勉強を開始しました。

・・・

英語　高2生の期間（マンツーマンで週1授業）

峰岸：高2の間の週1回のマンツーマンの授業は楽しかったですね？

MHさん：はい。毎回知らないことが出てくるので、毎回世界が広がるようですごく楽しかったです。すぐ90分が過ぎてしまいました。1週間が待ち遠しかったです。

峰岸：勉強で気をつけていたことは？

MHさん：とにかく峰岸先生に言われたことを毎日同じようにやることです。具体的には①授業ごとに先生のノートに暗記ペン引きながら覚える、②システム英単語を1日50単語やる、③授業ごとにもらった問題集の対応する分野のところを解いて、間違った問題だけノートにまとめる、④そのノートを学校に行く電車で丸暗記するまで何周もする、⑤毎日

ドキュメント
医学部合格までの1年

長文２本を音読する。お風呂の湯船に浸かってる時間を使って音読する、とかです。

峰岸：いきなりかなりやってますね。きつくなかった？

MHさん：とにかく英語を伸ばそう、最初は英語だけやればいいと言われていたのでモチベーションが上がってどんどん進めました。

峰岸：すごいと思いますよ。では４科目について、具体的に勉強したことを教えてください。時系列で科目ごとに振り返ってください。

MHさん：はい。英語からいきますね。

高２・英語

　６月〜７月は①センター過去問：第６問を遡るように2016年〜1991年分までやりました。タイマー12分にセットして解きました。間違えた問題はミスの理由を記録しておきました。

　８月はセンター過去問：第４問を同様にやりました。

　10月〜２月は①『やっておきたい英語長文500』：２日で１問。解いた分をその日と次の日の夜に音読。その次の日からまた新しい１問を解く…というペースです。

②『速読英単語』：通学時間にリーディング練習に使いました。高２の終わりごろから覚えられない単語は家の壁に貼っていくようにしていました。

高２・数学

峰岸：数学もマンツーマンで週１回エースメディカルで授業を受けてもらいましたね。担当と決めたことは何ですか？

MHさん：この１年は基礎、特にⅠＡ・ⅡＢを固めることを最優先にしました（数Ⅲは学校の授業でもエースでもやってい

ましたが正直あまり追いつけていなかったです）。ⅠA・Ⅱ
Bを固めて、数Ⅲも一通りはやった状態にしておくと、高
３で本当に楽になります！

峰岸：では具体的に数学の勉強内容を教えてください。

MHさん：はい。かなり細かいですよ。英語より迷走したかもし
れません。以下やったことです。

数学

　高１の終わり３月〜６月は①エースメディカルのA先生テキ
スト：マンツーマンでⅡB〜Ⅲをやっていただいていたので、授
業で１回解説してもらった問題を自分でもう１回やるようにして
いました。

　②青チャート数学ⅠA：模試を受けてⅠAが固まっていないよ
うに感じたので始めました。駿台の問題集と迷いましたが、基礎
固めとして使うには効果的でなさそうだったので、相談して青
チャートにしました。

　③アドバンスプラス：学校指定の問題集です。応用問題の難易
度が高いので上位私立以上を目指す人にはお勧めです。この時期
のメインの問題集でした。「表紙が取れるまで使い込む！」を
モットーにして、上に書いたやり方でほぼ全部の問題を覚えました。

　④センター過去問：マーク模試対策です。２年分はやりました。
この時期は６、７割くらい取れればいいくらいの軽い気持ちで、
形式に慣れる程度でいいと言われたのでそうしました。

高２の７月と８月の数学

峰岸：いよいよ夏ですからここでエンジンをかけさせました。

MHさん：そうですね、初めて受験を本気で考えました。以下、
やったことです。

①エースメディカルのＡ先生テキスト：授業に合わせて何度も
やりました。

②青チャート数学ⅠＡ・ⅡＢ：夏休みの間にⅠＡ、ⅡＢを固める
と決めていました。解説書に問題も載っているのがいいところ
なので、２周目から解説書だけ持ち歩いて解いていました。でも、問題量が非常に多いので、飽きやすい人には向かないかも
しれません。初歩レベルから難関レベルまでパターンを網羅し
ているので、私立専願の人だとこの１シリーズ極めれば十分で
はないでしょうか。

③学校で出された課題（フォーカスゴールドの抜粋）：数Ⅲを忘
れないように３日に１回頻度で触れていました。

高２の９月からの数学

峰岸：来年の夏は勉強しかできないから、イベント系に参加して
　　　もよいですよ、あとはオープンキャンパスもできれば見て
　　　おいて、と指導しましたね。

ＭＨさん：そうですね。でも勉強で忙しくてあまり思い出がない
　　　です。以下やったことです。

①エースメディカルのＡ先生の授業とテキスト前期分：前半
には夏にあまりできなかった前期分の総復習をしました。朝の時
間を使って今までのテキストを２周やり直しました。後半はテキ
ストの後期分をやりました。授業前日にしっかり予習して解いて
いくようにしました。

②青チャート数学ⅠＡ・ⅡＢ　復習のみです。

③アドバンスプラス：数Ⅲをメインに前期に難しくて理解しき
れていなかったＢ問題・Ｃ問題を１周解き直しました。それでも
難しい問題が多かったので、それらはルーズリーフにまとめてい
ました。

峰岸：この時点で偏差値の伸びを見ましょう。記述模試で57.1
　　　（8月）→ 68.5（10月）と偏差値が約12も伸びました。当
　　　初の予定通りですね。この時期の**数学**の伸びが大きな自信
　　　につながったと思いますがどうですか。

MHさん：そうですね。すこし自信が出てきました。数Ⅲの範囲
　　　の模試でもⅠＡ・ⅡＢは何とかなるかもという気持ちはあ
　　　りました。

峰岸：ここで**数学**を伸ばすことが現役合格の一つのポイントです！
　　　実はこの時期（8月〜10月）にがっつり勉強を始めている
　　　人はあまり多くないので（特に現役生）、割と偏差値は上げ
　　　やすい時期なのです。MHさんも57.1（8月）から68.5
　　　（10月）と約12も上がりました。このまま高3ではこれ以
　　　上の成績（マックスは高3の8月で77.6）を取り続けまし
　　　たね。

MHさん：そうですね、先生の言う通り、高2の間は英語と数学
　　　のことしか考えていませんでした。受験期になって英数の
　　　偏差値を上げるのは厳しいと言われていたので、早めに上
　　　げたいと思っていました。数学の伸びが大きな自信になり
　　　ました。

偏差値推移

	高2	高2	高3
記述式	8月	10月	5月
数学・Ⅱ型	**57.1**	**68.5（Ⅱ型）**	61（Ⅲ型）

峰岸：学校ではバレー部でしたね？　引退はいつでした？

MHさん：はい。11月が引退でした。全部やり切った充実感があ
　　　りました。また、部活を言い訳に勉強をさぼるのはカッコ
　　　悪いなと再認識しました。

峰岸：引退後は塾での自習が多くなりましたね。この時期は周り

は圧倒的に浪人生ですよね？

MHさん：はい。制服は私だけでした。逆に特別感というかプレミア感というか、そういうものを感じていました。

峰岸：動じませんね。毎年、エースの現役生はメンタルが強いのです。特に女子は。

MHさん：そうなんですか？　私はエースに来てから先生方の言う通り勉強して模試を受けたら成績が伸びて、また勉強して成績が伸びて……の繰り返しでとにかく楽しかったです。特にこの時期は。部活もなくなり十分に勉強できて本当に楽しかったです。この自由な楽しい感覚は高3の間は感じることができなかったですけどね。

高2の12月〜1月の数学

①エースメディカルのA先生の授業とテキスト：これがメインでした。

②青チャート数学ⅠA・ⅡB：1週間単位で分野を集中的にやっていました。今週はⅠA確率・ⅡB領域→次の週はⅠA整数・ⅡB微分積分という感じです。その分野の問題は、問題を見たら解法がすぐ出てくるようにしました。

峰岸：では、**理科**を振り返りましょう。エースではまず、英語と数学を基本にしてマンツーマン、夏期講習と冬期講習には限定のクラス授業を置きますね。特に夏期講習は化学のクラスを置きます。ここから理科の受験勉強をマスターすることが多いですね。

MHさん：そうですね。夏までは化学は学校の授業やテスト勉強で触れる程度でした。私は高2生の間は夏期講習と冬期講習の限定クラスに参加し11月からマンツーマンを受けました。以下やったことです。

高２の６月の化学

　①『岡野の化学が初歩からしっかり身につく』：学校の化学の授業が有機スタートだったので、理論分野を独学でやろうと思って始めました。この本の前半部分で化学基礎を完全に復習して、そのあと後半で理論化学を一通り勉強しました。化学基礎に関してはこの本に暗記ペンを引きまくって３周するとだいぶ定着します。理論分野についてはレベルは高くないですがとてもわかりやすいので、一通り触れて理解するには非常によかったと思います。

高２の７〜10月の化学

　①『セミナー化学』：エースに置いてあったものです。理論化学の問題を応用問題以外２周しました。

高２の11月〜２月の化学

①エースのマンツーマン授業とテキストやプリント：エースの授業で理論をやっていたので、もらった穴埋めプリントや問題プリントは一通りやりました。理解が追いつかないときは岡野やセミナーが役立ちました。

②『セミナー化学』：このころ学校では無機の授業が進んでいたので、それに合わせて（学校の授業中に）セミナーを解いていました。テスト前には暗記していましたが、テスト後にほぼすべて忘れてしまうので何とかしようとは思っていました。

峰岸：では生物の勉強です。なぜ物理にしなかったのですか？

MHさん：生物が好きだったからです。あと医学部に行くなら物理より実用的だと思ったからです。

峰岸：高２までは英語と数学中心の勉強ですが、興味があるから自分で自学自習していたのですね。

MHさん：そこまで大げさなものではないです。以下やっていたことです。

①『リードLightノート』：英数の勉強に飽きたとき、時間に余裕があるときに高１から高２にかけて１周程度ですがやっていました。

②『実践アクセス総合生物』：生物基礎から完全に抜けていたので、中学のときの生物基礎の教科書を読み直しました。そのあとで、この問題を解きました。各章の初めにある内容の総まとめページが結構よいので、それに暗記ペンを引いて３周して覚えた後、例題と標準問題を解きました。

７月〜３月

①『実践アクセス総合生物』：前期と同じやり方。

②学校の先生のプリント：学校の進度に合わせて上と同じように解き進めました。結局、高２のうちに進めたのは遺伝まででした。そこまではアクセスを徹底的に解いていたので標準問題まではすべて解ける状態になっていたと思います。

▶ 高２のまとめ

峰岸：英語と数学はできて当然です。生物も伸びていますね。

偏差値推移　高2

マーク式	5月	8月	10月
英語	62	61.8	59.4
数ⅠA	59.8	62.9	57.1
数ⅡB	―	63.9	64.8
化学基礎	―	56	51.6
生物基礎	―	47.9	59.8

記述式	5月	8月	10月
英語	―	60.8	64.1
数学（Ⅱ型）	―	57.1	68.5
化学	―	62.3	57.1
生物	―	51.9	66

▶ 受験期：高3

峰岸：いよいよ受験学年です。エースメディカルみなとみらいでは高3進級時に土日選抜クラスに入れるかどうかのテストがあります。MKさんは基準点を軽くクリアしたので高3から（エースでは高2の3月から）は「土日選抜クラス」のコースに入りました。

峰岸：「土日選抜クラス」のコースに受かり、初めてこのクラスに入る（4名）ことになったときはどうでしたか？

MHさん：英数のクラス担当の先生がマンツーマンの授業の先生と同じだったので少し安心しました。同じクラスの3人とは、講習会の限定クラスが一緒で知っていましたが授業外では個人的な話はなるべくしないように割り切りました。

峰岸：この年の土日選抜クラスのメンバーの進学先は、あなたが東京医科歯科大学で男子が横浜市立大学、あと一人の女子が昭和大学ですね。4人のクラスから国公立進学者が2名出たのは今のところこの年だけなのですが、クラスの雰囲気はどうでした？

MHさん：みんな大人でしたね。授業もレベルが高いし、みんな宿題も課題もちゃんとやってきていました。とても楽しく授業を受けていました。私はついていくのに必死の科目もありましたが。

峰岸：お互いに切磋琢磨できるというクラス授業のメリットを最大限生かしましたね。

MHさん：エースに行けば成績が伸びるし、皆には勝てなくても負けられないな、という気持ちでしたね。

峰岸：実は、この時期の保護者面談で泣き出したことがありましたよね。

MHさん：言わないでくださいー。面談で父が私の成績も医学部受験も認めてくれていない気がして、悔しくて悲しくて涙が出ました。

峰岸：お父様は「医学の道に進まなくても、人生にはいろいろな道はあるから、つらいなら無理しなくてもいいよ」という感じでしたね。

MHさん：ほかの道と言われてもまったく知りませんし。とにかくお医者さんになりたかった。

峰岸：でもあなたの涙を見て、お父様はあなたの本気具合を知り、最後は謝っていましたね。

MHさん：そうです。このときから父も母も全力で受験をサポートしてくれました。感謝しています。

峰岸：では、高3春休みから振り返りましょう

MHさん：はい。以下やったことです

▶ 高3春休み・英語

①『マーク式実践問題集（駿台）』：1周しました。

②『システム英単語』：1～3章をひたすら回しました。1単語1秒で意味が言えなかったら印をつけていき、2週目は印をつけたものをやっていく…で何周もする。1秒が大事です。目標は1685単語が1685秒で1周できることが大事です。

③『DB 5500』：語彙が少ないと焦って1章に手を出してみました

が、シス単もきちんと覚えられていない状態でやるのはあまり
よくなかったかも。

④『標準問題1100』：ほぼ終わっていたので穴がないようにラス
ト１周しました。

⑤『即戦ゼミ３』：３月の後半から始めました。

⑥私立過去問：３月の後半から、１日１校分。エースの棚の赤本
の2016年分を片っ端から解いていった。順天堂、自治医、日医、
東邦、獨協、北里などの先生のセレクト問題。早稲田や上智も
やりました。うまく読めなかった長文は夜よく音読しました。

⑦『やっておきたい英語長文700』：500のときと同じペースで進
めました。テーマが一般的で出題されやすそうで、面白い文章
ばかりなので、解き終わってからも音読に使って内容までよく
理解しようとしました。

▶ 高３春休み

数学

①エースメディカルみなとみらいの数学の授業とテキスト

②『大学への数学：１対１対応の演習Ａ』（場合の数と確率、整数）、
『大学への数学：１対１対応の演習Ⅱ』（指数対数、ベクトル）、
『大学への数学：１対１対応の演習Ⅲ』（曲線、複素数）：この問
題集は非常におすすめです‼　分野ごとに特に出やすい問題パ
ターンが一通り入っていて、実際に入試問題に直接応用できる
ものが多いと思います。問題量が多い青チャートが嫌いな人は
基本的なレベルの問題集を一通り仕上げてから、これに進んで
もよいと思います。最初から解いてもよいのですが、自分の苦
手な分野から始めた方が効果的です。まず初めの２か月は分野
の例題を全部解いてから下にある解説を読み込むのがよいと思

います。

③学校で出された課題（『フォーカスゴールド』の抜粋）：量が異
常に多くてつらかったです。数Ⅲの難易度が高い問題でした。

④『合格る計算数学Ⅲ』：1周だけしました。

▶ 3月

化学

①『重要問題集』：春休みのほぼすべてを重問に費やしました。
理論分野を1日1章解いて、直す。春休み中に理論分野は1周で
きました。

②エースの授業プリント：2周しました。半年前よりだいぶわ
かるようになっていました。

生物

あまりできませんでした。

峰岸：では、4月からを振り返りましょう。学校でも最終学年で
　　　すから雰囲気も変わりましたか？

MHさん：はい。学校でも休み時間やお昼休みにも勉強するグルー
　　　プとそうでないグループに分かれていた気がします。

峰岸：MHさんは勉強してたグループですよね？

MHさん：当然です。勉強していましたよ！　でも、よく考えると、
　　　この時期はまだ友達とおしゃべりしていたし、割と騒いで
　　　いたかも……。以下やったことです。

▶ 4月

英語：土日選抜クラス。夏期からはマンツーマンを併用

①『システム英単語』4章：初めて見る単語は見ているだけでは
どうしても覚えにくいので、最初のうちは語呂合わせとかイラ
ストで無理やりでも日本語につなげて覚えてしまっていました。
何周かするうちに自然と出てくるようになります。大事なのは、
1個1秒で言えるようになること！　覚えられない単語は壁に
貼るようにしていました。

②『即戦ゼミ3』：間違った問題に印をつけて、何周もしました。
1100に比べて難易度も問題量も圧倒的に多く感じたので、一
気には終わらせようとせず、章ごとに穴をつぶしていくつもり
でやりました。4月は1、2章くらいまでしか進んでいません
でした。

③センター試験の過去問：マーク模試対策に使いました。1年分
を80分で解くのではなく、各年の第2問と第5問（苦手なと
ころ）だけをそれぞれ短めの制限時間にしてやりました。苦手
ジャンルを絞って、何年分も繰り返してやってつぶしていく方
が効率的です。

④『やっておきたい英語長文700』：春のやり方で解き進めていま
した。

数学：土日選抜クラス、後期はマンツーマンを併用

①エースメディカルみなとみらいの数学の授業とテキスト：学校
の休み時間を使って先へ先へと予習して解いておくようにしま
した。

②『大学への数学1対1対応の演習』：例題を解き進めました。見
た目の薄さの割に問題量が多いのですが、めげずにやりました
（正直もっと早くに始めておけば…と思いました。横市医に進

学した数学ができる友達はこの時期にすでにこの問題集を4、5周してました)。

③『オリジナルスタンダード数学演習Ⅲ』（以後オリスタ）（積分法）：学校指定の問題集です。この時期は学校の空きコマ45分で数章やるくらいのペースでメインではなかったです。

> 峰岸：英語と数学は高2のときにマンツーマンでみっちり鍛えたので、少しずつ勉強を理科にシフトするようにして、英数は効率よく学習しなさいと指導しましたね。
>
> MHさん：はい。それは意識していました。でも、学校ではカリキュラムが遅いのに、課題がたくさん出ていて閉口していました。

化学：土日選抜クラス

学校では化学の授業を取らなかった（自習時間がほしかった）ため、学校でも意識的に化学に触れる時間を多めに取るようにしました。

▶ 4月、5月

化学

①『リードLightノート』（有機）：高2の前半に習った有機化学を完璧に忘れていたので、リードLightノートの有機分野を3周やり直しました。反応系は脂肪族・芳香族別に自分なりに紙にまとめました。

※私は基礎固めの問題集として理論・無機はセミナー、有機はリードLightと分けてやっていました。今思えばどちらか1

冊の全分野を徹底してやった方がよかったかもです。

②『重要問題集』：エースでの授業が進むのに合わせて、対応する
分野を解きました。理論分野は2周目に入りました。

4月・生物

エースの授業テキストと『一問一答生物』：授業で習うのは今
まで触れていない分野だったので、授業後に資料集を参照しつつ
授業を復習してそのあとで一問一答を解くという流れは必ずやっ
ていました。

> 峰岸：学校はGWで休みになるから、16時間くらいやってみなさ
> 　　　い、と指導しましたよね？
>
> MHさん：はい、初めて自分を追い込んだ時期でした。16時間を
> 　　　　毎日はできませんでしたが、それに近かったかも。苦手科
> 　　　　目をやり込もうと決めてひたすら勉強しました。ここで頑
> 　　　　張った経験が受験前にも役に立ちました。以下はやったこ
> 　　　　とです。

5月・英語

①『DB5500』：『システム英単語』が固まってきたので始めました。
峰岸先生の授業でもらえました。テストに合わせて覚えていき
ました。この本についているCDも行き帰りの歩きの時間に聞
いていました。

②『即戦ゼミ3』2章、3章：文法の基礎的な部分がだんだんと
抜けてくるので、峰岸先生の授業ノートと授業プリントを覚え
た後で2回やり直しました。どの科目にも言えることですが、
暗記系は知識をいろんなノートに書いていくのではなく、1冊
に集約した方がいいと思います。私の場合は峰岸先生の授業
ノートに、新しく得た知識や模試で間違えた文法なども全部書

き込んでいって、困ったときはこれを見る！と決めて辞書のように扱っていました。

③『システム英単語』5章：多義語を一通り覚えておく。峰岸先生の多義語プリントと合わせて覚えていました。

④『やっておきたい英語長文700』：3月、4月と同様のやり方。問題数は多くないので、この時期には終わりました。

⑤『マーク問題式基礎問題集』：河合塾の記述模試の過去問です。模試の前に対策としてやりました。

5月・数学

①エースメディカルみなとみらいの数学の授業とテキスト：予習を中心に進めました。

②『大学への数学1対1対応の演習』（ⅠA二次関数、場合の数と確率、整数）：演習問題に入りました。解いたら日付を書き、間違えたものには印をつけました。その上にある例題と必ず対応した問題になっているので、わからなくなったら例題に戻ってもいいと思います。

③『オリジナルスタンダード数学演習Ⅲ』（極限、微分法）：学校がテストだらけだったので定期的に数Ⅲに触れられたのはよかったです。

5月・化学

4月の勉強を継続しました。

5月・生物

①エースの授業とテキスト：4月の勉強を継続しました。

②『実践アクセス総合生物』：授業の復習後、授業でやった分野を標準問題まで解きました。

▶ 6月

峰岸：この時期、「今年も半分終わったね」と言うと、高3生は焦り出すんですよね。焦り始めていました？

MHさん：いえ、この時期は入試に対してはまだ焦りはなかったです。それより、学校の課題と塾の予習復習に追われ1日がどんどん過ぎていった気がします。

峰岸：**英語の模試を見てみましょう。**マーク式模試の偏差値は59.4（高2の10月）から70.2（高3の5月）、記述式模試では60.8（高2の8月）から71.4（高3の5月）とどちらも10以上上げましたね。高3になってからも高い偏差値で安定する（マックスは10月の77.4）ようになりますが、このときの手ごたえはどうでした？

MHさん：英語では絶対にクラスで一番を取りたかったのでかなり真剣に取り組みました。高2の間は英語はマーク式の対策をしていなかったのですが、高3の模試のときには点を取ることを意識しました。記述模試はエースに来てからどんどん伸びていた手ごたえがあったのでその通り偏差値が伸びてうれしかったです。

偏差値推移

	高2	高2	高2	高3	高3
マーク	5月	8月	10月	5月	8月
英語	62	61.8	**59.4**	**70.2**	**71.9**

	高2	高2	高3	高3	高3	高3
記述	5月	8月	10月	5月	8月	10月
英語	―	60.8	64.1	71.4	73.3	77.4

MHさん：以下はやったことです。

6月・英語

①（峰岸先生の）授業ノート、授業プリント：何回やっても忘れてしまう部分があり、峰岸先生の授業でもそれを痛感するようになったので、今までより頻繁にチェックするようにしていました。学校の授業の間の休み時間や、昼休みにお弁当を食べながら読んでいました。

②『即戦ゼミ3』：3章

③私立・国立の過去問：読解問題を読んでいきました。1日1文読むのがベストだと思いますが、特に平日は時間が全然なかったので2日に1文ペースでやっていました。1回解き終わったら答え合わせと直しを文章にそのまま書き込んで、わからない単語も書き込んで、それをファイリングしていったものをお風呂で音読しました。音読のおかげでこの2年で同じ文章に3、4回は触れられていたと思います。

④リスニング：センター対策として、学校への行き帰りの歩きの時間にTOEIC対策用のEnglish Upgraderというアプリで1話ずつ聞くようにしていました。実はリスニングへの効果は結構大きかったと思います！

6月・数学

①エースメディカルみなとみらいの数学の授業とテキスト：予習を中心に進めました。

②『大学への数学・1対1対応の演習』（ⅠA図形と方程式）：演習問題を朝学校に行く前の時間にやっていました。

③『オリスタ』（複素数、極方程式）：学校は中間試験や小テストだらけだったので、この時期はオリスタメインでやっていました。問題数は多くないので何周も解きやすかったです。

6月・化学

①『重要問題集』：無機分野を解いていました。エースでの授業が

無機に入ったため対応する部分です。無機の分野は1周目完了しました。

6月・生物

① 『実践アクセス総合生物』：5月と同様にやりました。最後についてる正誤問題、論述演習も取り組みました。正誤問題は行き帰りに歩きながら、論述演習は電車の中でやりました。論述演習は1回自分で書いてみて、解答と比べて自分の文章にない要素を横にペンでリストアップする方法です。2周目からは問題を見て要素がすべて答えられるかをチェックしました。3周はやりました。

② 『基礎問題精講』：学校の友達の強い勧めにより始めました。『アクセス』と難易度は同じくらいでも少しひねった問題が多く、いい実践の練習になったと思います。基礎問題をはじめの章から2日で1章ペースで解きました。

▶ 7月

峰岸：いよいよ夏が見えてきて、夏の40日で600時間の勉強をマストにしましたね。その「勉強600時間シート」に一人ひとり名前を入れて渡しましたね（注：600時間シートは1時間の勉強につき1コマ色ペンで塗りつぶすシートで600コマ塗りつぶせたら完成です。科目ごとに色分けします）。最終的にはあなたは700時間でしたね。

MHさん：あれはきつかったです！　どんなに勉強しても終わりが見えない。でも根性はつきました。それと5月に受けた模試が返却されて数学の偏差値がマーク模試と記述模試では10くらい違って、実力がないんだなあと一瞬だけ落ち込んだ気がします（注：マーク模試偏差値ⅠA：66.6、ⅡB：

ドキュメント　医学部合格までの1年

73.7、記述模試61）。以下はやったことです。

峰岸：化学の模試を見てみましょう。記述模試の偏差値は57.1
（高2の10月）から67.6（高3の5月）と10以上、マー
ク式模試の偏差値は51.6（高2の10月、生物基礎）から
70.2（高3の5月）と約18上げましたね。このときの手
ごたえはどうでした？

MHさん：化学は苦手だったので、伸びているかずっと不安でした。
よい偏差値を取れたので、うれしかったのですが、まだ弱
い分野がたくさんあったので、不安は払拭できませんでした。

7月後半から夏休み・英語

①『システム英単語』：単語が抜けているように感じたので1周復
習しました。最初の方の簡単な単語ですら忘れていることが
あったので、やってよかったです。

②峰岸先生の授業ノート、授業プリント：復習・音読に使ってい
ました。

③『即戦ゼミ3』の3章、4章：抜けがないようにやりました。

7月・数学

①エースメディカルみなとみらいの数学の授業とテキスト：予習
を中心に進めました。

②『大学への数学　1対1対応の演習』（演習問題すべて）：夏休
みに入ったので一気に解きました。エースに置いてあるものを
使っていたので、間違った問題はメモして次は間違えた問題だ
け解いていきました。とにかく問題を見たら解法がすぐ出せる
ことを目標にしてやっていました。

7月・化学

・『有機化学演習』：『重要問題集』の有機分野と迷いましたが、

先生と相談して問題の量・レベルともに上な有機化学演習を始めました。最初に有機の知識一覧がまとまっているので、この部分が非常によかったです。暗記ペンを引いて５周はしました。

7月・生物

①『大森徹の最強講義117講』：生物受験に必要な基本的な内容は網羅されています。図も多く解説も詳しいです。でも塾の先生のテキストの方が断然内容が詳しかったので、この参考書に書かれていない部分を書き込んだり、貼ったりしていきました。いい復習になりました。単に単語を暗記するのではなく、すべて流れで覚えることに気を遣いました。ただ相当に時間がかかります。私は情報が１冊にまとまっていないと耐えられない性格ですので、まとめ切りましたが、気にしない人は塾のテキストに暗記ペンを引いてどんどん覚えて、この参考書は図や説明の参考程度に見た方がいいと思います。

②塾のテキスト：途中の分野である動物生理から授業を始めていただいていたので、それ以前の分野が高校の授業を受けただけの状態になっていました。塾の先生に相談して、細胞から遺伝子までのテキストだけもらいました。①の参考書にないところは書き加えて、知らなかったところ（がほとんど）は塾の先生に聞くようにしました。

③『実践アクセス総合生物』：授業の進度に合わせて解き進めました。模試の近くになったら、今までの分をもう１周するようにしました。どちらもまだ応用問題はやらないが、それ以外の問題は完璧にすべきです。

▶ 8月

峰岸：夏休みになると学校がないので自由に勉強できるようにな

りますね。**自己管理が大事**になりますがどうでしたか？

MHさん：600時間シートもあったのでとにかく自習室で勉強しました。自習室には浪人生もいて刺激になりました。朝から晩までずっと一つの場で勉強することはあまりなかったので、浪人生の勉強ぶりにはびっくりしました。

峰岸：そうですね。浪人生は3月からずっとこのペースでやってますからね。負けられないと思いましたか？

MHさん：そうですね。2月には同じテストを受けるわけですから、追いついていこうと思っていました。特別講座で浪人生と一緒の講座があったときなどは、私よりできる人がたくさんいて自分はまだまだなあ、と痛感しました。

峰岸：では、**生物**の伸びを見てみましょう。記述模試の偏差値は51.9（高2の8月）→66（高2の10月）→70.2（高3の5月）→75.1（高3の8月）とこの1年で23以上上がりました。マーク模試も生物基礎47.9（高2の8月）→71.6（高3の5月）と70.6（高3の8月）といった感じで約23上がりました。この伸びは実感しましたか？

MHさん：生物はもともと好きな科目でしたし、塾の授業が面白くて勉強を進めていたらいつの間にか偏差値も上がっていった感じです。英語や数学の偏差値を上げるのに比べてまったく苦労はなかった気がします。

偏差値推移

	高2	高2	高3	高3
マーク式	8月	10月	5月	8月
生物	47.9（基礎）	59.8（基礎）	**71.6**	**70.6**

	高2	高2	高3	高3
記述式	8月	10月	5月	8月
生物	51.9	66	**70.2**	**75.1**

8月・英語

①峰岸先生の授業プリント：長文や、取りづらい文型の文章を読み直していました。現役生は普段長文をゆっくり読む時間が取りづらい分、夏休みに存分に長文をやった方がいいと思います。

②『システム英単語』：７月と同じように、１単語１秒を徹底してやりました。このころになるとシス単をメインでがっつり勉強すると言うより、ほかの勉強に飽きて、何か気分転換したいなと思ったときにサッと１章分やったりする感じでした。時間のある夏休みだからこそやっておくべきことだと思います。

③『即戦ゼミ３』１〜４章：間違えたところがすごく多かったので２周目も大変でした。

④『やっておきたい英語長文1000』：医科歯科の超長文対策としてやり始めました。１問解いたら、その文を100〜200字で日本語要約して、先生に直してもらうようにしていました。全問それをやると、要約にも慣れてきます。また１段落ごとに概要を横に小さく書いていくようにしました。夏の初めに１年分だけ医科歯科を解いたときには文の長さが苦痛だったのですが、これ１冊の要約をやったので、それ以降はあまり辛くなくなりました。

⑤過去問演習：夏休みの初めに自分の課題を見つけるために医科歯科の過去問を１年分解きました。

⑥『解体英熟語』：夏休みのご飯を食べる時間や、勉強の隙間時間に見ていました。それぞれのページの裏側の例文と問題を何周もして覚えるのが一番早いはずです。

8月・数学

①エースメディカルみなとみらいB先生の授業とプリント：数学に少し不安があったのでマンツーマンを併用しました。先生にお願いして、前期分をまとめてもらい、プリントを３周くらいしました。どの問題にも大事なポイントがあるので、それを自

分の言葉で書き込んでいくようにしました。

②『やさしい理系数学』：全然やさしくないので注意です。慈恵会医科大学や慶應義塾大学医学部、首都圏国公立を狙う人は解けていた方がよい問題が入っています。解法パターンも多く載っているので、答えへの最短ルートは見つけやすくなります。でも『大学への数学』ほど汎用性が高い問題集ではないです。余力がある人にはおすすめします。やり方は、一つの解法で解けたら別の解法も読んで覚えました。毎日新しい章と、その二つ前の章の2回目をやっていく（わかりづらくてすみません。つまり1日目：1章1回目、2日目：2章1回目、3日目：3章1回目と1章2回目、4日目：4章1回目と2章2回目というイメージです）。

③河合模試過去問：8月の模試1週間前から、毎朝大問1個ずつ解きました。記述は大問1個あたりタイマー20分。マークは12分。模試に限らず、過去問を大問1個ずつ区切って時間を設定して継続的にやっていくのが一番効きます‼

8月・化学

①『有機化学演習』：問題を3周。1日2章ずつやりました。これのせいで、夏休みは化学にほとんど時間を取られたと言えます……。

8月・生物

①『大森徹の最強講義117講』：7月までのやり方でまとめたものを1日1分野と決めて、夏休みの終わりまでに生態系までを6、7周しました。

②『基礎問題精講』：3周目くらいに入りました。問題はだいたい覚えてきたら、不安な問題にだけ付箋を貼っておいて応用問題を生態系分野まで一通り解くようにしました。

峰岸：9月になって学校がまた始まりました。どんな感じでしたか？

MHさん：さすがに休み時間も勉強する人が増えました。友人との会話も指定校推薦の話や試験の話など受験の話ばかりになりました。

峰岸：焦りは感じました？

MHさん：暑いし、まだ夏休みの延長の気分でしたので、切迫した焦りはなかったです。ただ、「夏が終わってしまった。でも理科がまだ思うように進んでいない」と考えると不安になりました。

9月・英語

①峰岸先生（Ace）の文法テキスト：難易度の高い文法問題。高3になってから英語にかける時間を削っており、文法力が結構落ちていることを度々感じたので、このテキストは3周くらいしました。忘れていた知識は授業ノートに書き込んでいきました。

②『DB 5500』：夏休み前にやっていた分が抜けるので、やり込んで思い出すようにしました。覚えられないものは自習室や家の壁に貼りました。

③『やっておきたい英語長文1000』：8月と同様です。

④東大・京大過去問：受けない大学の過去問を解いていられるのは今だけなので、3年分ほどやりました。夏後のこの時期はモチベーションが落ちてしまうこともあったので、多少気分を転換するつもりでした。やっぱり難しかったので、受験期まで4回くらいは音読して復習していました。

⑤『即戦ゼミ3』発音アクセント：センター対策としてやりました。模試でも過去問でも第1問で点を落とすことが多かったので、この本の最後の方にある発音アクセントのページをちぎって学校の授業中にノートに挟んでこっそりやっていました（笑）。

9月・数学

①エースメディカルみなとみらいB先生の授業とプリント：夏・後期の分も加えてすべてを2周しました。

②『オリスタ』：難易度はやはり高いのですが、この時期にやるのには最適な問題集だと思います。問題を解き、解説を読んだら、何を手がかりにするのか、どのように発想を持っていけばいいのかを付箋に書いてその問題の上に貼っていきました。

③積分の計算演習：学校でもらった積分のほぼすべての計算パターンが載っている冊子です。積分はパターンなので絶対やっておくべきです。塾や学校の先生は絶対そういったたぐいのまとめを持ってると思いますので、お願いするといいと思います。もしなければ『合格る計算数学Ⅲ』の積分がよくまとまっていたので、活用してもいいかもしれません。

9月・化学

①『重要問題集』：やり直しで2周。夏に勉強してから解いたので非常に解きやすくなりました。不安な問題には付箋を貼りました。

9月・生物

①『大森徹の最強講義117講』：授業で進んだ進化・分類分野を大森徹にまとめました。

②塾のテキスト（論述問題演習）：まず解いて、自分の解答に足りないところを見つけて採点しました。記述はどの分野でも一通り書けるようになってきました。これは非常によい医科歯科の対策になりました。

③塾のテキスト（一問一答）：復習です。

> 峰岸：現役生の10月は成績が2極化します。伸びは感じていましたか？

MHさん：はい。学校の勉強はまったくしてなかったのですが受験勉強のおかげで定期テストは少しやればよい点を取れましたし、受験勉強も模試の成績が上がっていたので不安は感じませんでした。

峰岸：この時期の勉強バランスはどうでしたか？

MHさん：はい。理科優先です。理科＞数学＞英語でした。10月の末に防衛医科大学校の受験があったのですが、まだ全然間に合ってなかったので「これで受験してもいいのか？」という気持ちで会場に向かいました。

峰岸：でも防衛医科も受かりましたね。この試験は受験料がかからないので当校では国公立の志望者は模試のつもりで受けておいでと送り出すのですが、試験の手ごたえはありましたた？

MHさん：手ごたえは英語と国語はありましたが、もしほかの受験生もそのような手ごたえでしたら、私は受からないかもしれないので、受かる自信はなかったです。

峰岸：そうですか。でもあなたの勉強の方向性は正しい、と認められたわけですから、ここから先の受験勉強の励みにはなりましたね。そういえば、これが初めての受験だったのですが、試験会場の様子など覚えていますか？

MHさん：はい。体育館のような広い会場でした。模試とは違った雰囲気で、始まる前は緊張しました。試験が始まったら試験に没頭できたので緊張していることは忘れていました。

10月・英語

①峰岸先生（Ace）の文法テキスト：9月と同様です。

②『システム英単語』：覚えられない単語はほぼ壁に貼ってあったので、身支度をする時間にその単語を毎日端から言っていくようにしました。毎日やると本当に覚えられます。

③『即戦ゼミ3』：3、4周しても間違えるものが残ったのでこれをやりました。とにかく問題が多いので根気よく。特に前置詞、イディオム系は1週間やらないと忘れてしまうので、少なくとも3日に1回、1章分はやるようにしました。

④英語長文1000：8月、9月と同様です。

⑤防衛医大過去問：2週目から解き始めました。

数学

①エースメディカルみなとみらいの授業とプリント：総復習として1周しました。

②『大学への数学1対1対応の演習』：さらう程度でした。忘れている解法が絶対あるので、それを自力でもう1回解いて思い出すようにしました。

③『オリスタ』：9月と同様です。防衛医大の入試が10月にあるのでそれの対策として、1問1問、時間制限をつけて道筋を考えてから手をつける練習をしていました。

化学

①『重要問題集』：防衛医大前にさらに2周しました。

②『化学の新標準演習』：『有機化学演習』はよい問題集ですが、問題のジャンルがかなり偏っているかもしれません（例えば構造決定で最終的に環式の化合物が出ることは有機化学演習ではほとんどありません。でも模試や入試では頻出です）。ですから、友人の評価のよかったこの問題集を有機分野から始めました。有機・高分子分野を2周です。学校でひたすら内職しました……。

③『一問一答化学』：もっと早く始めておけばよかったランキング1位です。知識・反応式を埋め直すのに最適でした。無機分野、有機分野を毎日行き帰りの電車でやり込みました。これは今まで知識をおざなりにしたり、困ったときに見る参考書を持って

いなかった人には、本当に効く参考書だと思うので、志望校問わずお勧めです。私はこれまでの情報をまとめる１冊としてこの参考書に今までの模試で得た知識、塾の先生プリントなどを書き込んでまとめました。

④防衛医大過去問：４年分やりました。できなかったところの反省は書き残しておくようにしました。

生物

①『大森徹の最強講義117講』：進化と分類を大森徹にまとめました。その２章を４周しました。

②『基礎問題精講』：学校の空きコマを使って進化と分類の分を解きました。まず例題、その後応用問題です。

③塾のテキスト（論述問題演習）：復習です。

④塾のテキスト（一問一答）：暗記のチェックに適度にやり直しました。

⑤塾のテキスト（小問集合）：空き時間、集中が切れたときに解き進めました。最終的に２周はしたと思います。知らなかったこと、忘れていたことをその場で①に書き込んだり、塾の先生に確認しました。

⑥防衛医大過去問：３年分は解きました。反省を適宜ノートにまとめていきました。

峰岸：11月になって、学校はどうでした？

MHさん：うちの学校では授業が少なくなり、割と自習時間は取れていました。

峰岸：学校の授業はちゃんと受けていましたか？

MHさん：……すみません！　優等生ではなかったです。正直に言うと、どうしても勉強が追いつかなくて内職していたこともあります。

峰岸：受験勉強のために学校をお休みしました？

MHさん：それもありかな、とは思いましたが、学校に行くと生
　　　　活のペースが作れるので受験勉強のために学校を休んだこ
　　　　とはなかったです。

峰岸：受験の際に大学に提出する調査書に欠席日数が書かれます
　　　しね。でも遅刻は書かれないのですよ。

MHさん：そうなんですか？　もっと遅刻してもよかったんだ。

峰岸：遅刻してもいいとは言っていません。

11月・英語

①『マーク式基礎問題集』：河合塾のマーク模試やセンタープレ模
　試の対策用です。全部まとめて解くと、どこで時間をロスした
　かわからなかったり、記憶が曖昧になってしまいがちなので、
　大問別に時間を区切って解きました。本番でもここで何分くら
　い使えるな、という時間配分の仕方が明確にわかるようになり
　ます。

②リスニングCD：河合の問題集についているリスニングCDや、
　過去問のリスニング音声を聞きながら、学校の行き帰りに解き
　ました。

③過去問：医科歯科の過去問を2年分ほどやりました。京都府立
　医科の問題も長さと内容一致問題がある点で少し似ていたので、
　先生に勧められて数年分解きました。東京外語大など長文が出
　題されるところの文章も2、3年分は解きました。

④『システム英単語』『DB 5500』『解体英熟語』：すきま時間で復
　習しました。

数学

①『やさしい理系数学』：センター対策に入る前に、難易度の高い
　問題への対応力を高めておくために1周しました。＊印のつい
　た難しい問題は飛ばしていたのでそれもこの時期に解きました。

②積分の計算演習：時間が余ったときにやっていました。

③医科歯科過去問：エースメディカルみなとみらいOBの東京医科歯科大の現役3年生にゼロ円個別の授業で結構やってもらっていたのでそれを復習し直しました。これも1問ずつ25分でやっていました（入試では3問90分見当です）。

11月・化学

①『化学の新標準演習』：理論分野を2周しました。考察問題が多くて難易度も高めです。国立・私立上位向けの問題集です。医科歯科に問題が似ているものが多かったので、今までのように何周もして問題を覚えることよりも、1問ずつ制限時間を作って問題を理解して自力で解けるようにすることを意識しました。

②『駿台　化学特講Ⅰ』：学校の休み時間・空きコマで少しずつ解き直しました。

③『有機化学演習』：抜けがないかチェックと復習です。

④『一問一答化学』：抜けがないかチェックと復習です。

生物

①『大森徹の最強講義117講』：テキストを赤シートで隠して書きながら覚え直しました。表紙に日付とやった章を記録していって、触れていない章がないようにしました。必ず毎日どこかの章はやるようにしました。

②『基礎問題精講』：全体の例題を解き直しました。付箋がついている部分を徹底的にやり込みました。

③塾のテキスト（論述問題演習）：軽くやり直しました。

④塾のテキスト（問題テキスト）：応用問題・思考力が必要な問題に慣れていないと感じたので、学校の空きコマ週2時間はすべてこれを解くのに使いました。1周して採点し、授業で解説を受けた後、間違った問題をもう1回解きました。それでも不安な問題に付箋を貼るようにしました。

⑤過去問：医科歯科 1 年分やって、だいたい傾向を理解できたと
　思います。

▶ **12月**

　　峰岸：12月に保護者会があって大学の最新情報を伝えました。こ
　　　　こから受験日程を組みますがどうでしたか？　家族と話し
　　　　ました？
　　MHさん：はい。自分の受けたい大学は、はっきり言って医科歯
　　　　科だけでした。でも受からなかったら浪人する自信がなかっ
　　　　たので、私立も検討していました。家族も、好きなように
　　　　受けていいと言ってくれました。日程や問題の相性を見な
　　　　がら先生と決めました。

12月・英語

①医科歯科過去問：月初めの数日だけです（その後はセンターに
　集中しました）。
②『システム英単語』：1 ～ 4 章を 1 周しました。完全にラスト、
　という気持ちで取り組みました!!　もしも抜けがあったら、そ
　こで確実に覚えるようにしました。
③『標準問題1100』：総復習です。解説書の方に暗記ペンを引い
　ていたので、それを 2 周しました。
④『即戦ゼミ 3』：文法総まとめです！　1 ～ 5 章を 2 周しました。
⑤英作文：塾の外国人先生と峰岸先生に見てもらっていました。
　私は塾の先生以外に見てもらうことはしていませんでしたが、
　もし現役生で学校にも面倒見がいい先生がいるなら、添削をお
　願いしてもいいと思います。英作文は何本か連続して書くと結
　構慣れてくるので、英作文比率が大きい日医・順天の前日は 3

本くらい続けて練習していました。

⑥リスニング・発音アクセント：リスニングはご飯を食べながらやりました。発音アクセントはエースまでの電車の中でやっていました。

⑦センター過去問と⑧『マーク式基礎問題集』：11月と同様にやりました。配点の高い第３問〜第６問で失点したくなかったのでそこを重点的にやるようにしました。気を抜いているとうっかりミスする傾向があったので、そこを注意しつつ７年分ほど解きました。

⑨『解体英熟語』：似ている熟語は混同しがちで、センターでもたまにねらった問題があったので、間違えやすい単語はリストアップしたり表紙に書いたりして覚えました。

12月・数学

①『オリスタ』：復習です。

②センター数学過去問と③マークの問題集（河合塾・駿台・東進）：センターで点を落としたくなかったので、峰岸先生と相談して12月２週目くらいに始めました。本当に不安だったので赤本はエースにある分すべて、それに加えてマーク式の問題集もやりました。駿台のは難易度が高めで自信をなくすので、センター試験が近くなってきたら河合の問題集を主にやっていました。とにかく朝にやるのがお勧めです。また、１問ずつ切ってやりましょう。12分で１問解いて、解き終わらなかったらなぜ詰まったかを見つけるやり方です。最初は間に合わなくても、必ずペースが上がってきます。毎朝３〜４問はやりました。問題によって、時間がかかるものとかからないものが見えてくるので、それを自分できちんと把握することです。１月に入ってからはミスが多いもの（私の場合ⅠAの第３問、ⅡBの第２問、第４問）を集中的に10年分くらいやりました。

①『マーク式問題集』（駿台・東進）：センター対策です。先に駿台、そのあと東進をやりました。1問10分ずつ切って解きました。ただの計算ミス、凡ミスでも、なぜ間違えたかはきちんと書いてファイリングしておきました。直しで新しく得た知識は一問一答に書き込みました。

②『一問一答化学』などは11月同様です。

基本的に11月と同じです。

▶ 1月

峰岸：センター試験が終わって自己採点したときはどうでした？

MHさん：目標点に近かったので安心したのですが、2次が大事なので気を引き締めました。

峰岸：総合で93％を超えて、生物は100点を取りましたね。

MHさん：100点はうれしかったです。でも正直、全科目満点を狙っていたんです。英語の点が196/200で、満点が取れなくて先生に自慢できなかったのが悔しかったです。でも全体はそこそこでしたので「これで医科歯科を受けられる」と思いました。

峰岸：この時期の生活パターンはどうでした？

MHさん：1月になると学校に行かなくてよいので朝から塾の自習室にこもりました。浪人生と同じ空間に長い時間一緒にいるのは夏以来でしたが時間の経過の速さを感じました。その分充実していたのだろうと思います。

1月・生物

▶センター前

①センター過去問と②赤本：7年分③河合マーク問題集（エースにあった）を6回分解きました。1問ずつ分けてやった方がいいです。1問8分です。そこで弱いと思った分野を大森徹でやり直しました。センターは「よく考えたら忘れてた……」となるような細かい部分が出ることがあるので少しでも「何だっけ」と思ったことがあったらすぐその場で調べ、紙に書いて壁に貼りました。

▶センター後

①『大森徹の最強講義117講』：毎日どこかの章はやるようにしました。個人的に苦手だった分類や、どこの学校でも出やすい遺伝子・動物生理はほかの章より多めにこなしました。この時期にはこの参考書は7周くらいはしていました。

②過去問：昭和・日医各4年分くらいです。昭和の問題は細かい知識が必要なので①やエースのテキスト（小問集合）で詰めました。日医は考察問題が出るのでエースの問題テキストや基礎問題精講もやり直しつつ解きました。

峰岸：いよいよ大詰めです。どんなことに気を遣っていましたか？

MHさん：当日にしっかり力が出るように生活のリズムを崩さないことです。不安で押しつぶされそうになったこともありましたが、そんなときは自信をつけるため基本問題を解いて自分を落ち着かせました。そして、この1年やってきたことを考えて「自分は大丈夫」と自己暗示をかけました。

峰岸：家族はどうでしたか？

MHさん：学校に行かないのでこの時期は人と話すこと自体少なくなり、気持ちが自然と内に内にと向かっていました。しかし、家では家族が普段通りにいつもと変わらず接してくれ、プレッシャーやストレスをまったく感じませんでした。のびのびやらせてくれて本当に感謝しています。

ドキュメント　医学部合格までの1年

219

①過去問：受験するところに絞ってやりました。月初めは順天・慈恵を解きました。順天は英語勝負なので、センター同様大問1個10分で切って解いて対策しました。大問別でやっていくとスピードが上がり、読解4問にかかる時間が抑えられるので、英作文に時間が割けてよかったと思います。

②『DB 5500』：テーマ別をよく見ておきました。本番でそのテーマの文に当たるとすごく読みやすくなります。

2月・数学

①『やさしい理系数学』：最後だと思って印がついている問題をやっていきました。**忘れているものがあっても焦らずにその場でもう一度解いてパターンを完全に覚えるようにしました。覚えにくい解法は書いて家の壁や机にも貼っていました。**

②先生方が作ってくれた予想問題：できるだけ時間を決めて本番のイメージでやりました。

③塾のテキスト

④これまで解いた問題集

⑤過去問：医科歯科は最終的に20年分くらい解きました。それ以外の大学は5、6年分ほど解きました。

化学

①『化学の新標準演習』：理論・有機・高分子を2周しました。この時期は時間的にも精神的にもつらいですが気合でやるしかないです。

②過去問：順天3年分。本当に時間がないから大問ごとに時間を短めに設定して解きスピードアップを図りました。**計算ミスは命取りなので、計算ミスしたらその原因を手帳に書いていって、受験直前にはそれを見て同じミスをしないようにしていました。**慈恵は4年分です。やり方は順天堂同様です。

　慶應は7年分。丁寧にやれば解ける問題が多いので、スピーディーかつ丁寧にやる練習をしました。医科歯科は12年分です。長くて複雑な文章の割に問題は単純であることに気づき、自分なりに図表を解釈してすっと解けるようになるまで、何年分でも解いた方がよいです。慣れるしかないです。

③『一問一答化学』：相変わらず行き帰りにやっていました。どこの入試でも役に立ちました。

生物

①『大森徹の最強講義117講』：毎日必ず目を通しました。

②過去問：順天は知識型なので2年分しかやらずに大森徹を徹底して詰めました。慈恵は時間が全然ないので1問ずつ切って制限時間を短めにして解くことでスピードを上げていきました。慈恵は4年分、慶應は7年分解きました。時間もないので制限時間は短めに設定してやりました。医科歯科は12年分解きました。最近のものは制限時間を50分にして通しでやりましたが、過去のものは単なる記述問題と考察・思考問題を分けてやりました。

③空いた時間にアクセス・基礎問題精講も1周ずつやり直しました。もし時間がなければ付箋をつけた問題だけでもいいと思います。ほとんどの問題はもう覚えてしまったはずですが、忘れているところがあり紙に書いて壁に貼りました。

④論述問題演習：記述対策に全部書き直しました。非常に時間がかかるので12月から始めておけばよかったです。時間がないときはその問いに対するキーワードだけでも挙げられるようにしておきました。

■ 受験のまとめ

英語：私は峰岸先生のおかげで高2までで英語が少し安定してき

ていたので、高3の1年間はいかにしてほかの科目に時間を割きながら、成績をキープするかを考えていました。同じ参考書・ノートをひたすら繰り返すことが多かったです。

英語には暗記の部分も時間をかけて長文を読む部分もあると思いますが、暗記の部分は特にすきまの時間を使うことが大事だと思います。特に無駄な時間がどうしても多くなってしまう現役生は、すきま時間をうまく使えると単語・文法の成績は上げやすくなると思います。英語の授業はいつも本当に楽しかったです。

数学：数学で大事なのは、何冊か問題集があっても、メインでやるのはコレ！というものを1冊決めて、それを軸にやること。それ以外の問題集・テキストはあくまで補助的に使うこと。いろんなものに手を出すのが一番だめです。

解法パターンを覚えて、新しい問題で与えられた情報からいかに早く今まで見たことのあるパターンに当てはめられるかが数学の力を決めると思います。なので、とにかくパターン暗記に徹しました。やると決めた1冊は、解いたものに日付・間違えた問題に印をつけていって最低でも3周はする。それでも問題を読んで解き方が全然浮かんでこない問題があったら、それらを別にまとめて何度も解くのは有効です。

化学：化学は計算力勝負だと思いがちですが、今のところ一番大切なのは暗記だと思います！　かなり最後の方でそれに気づいてからは、適当にしていた用語や反応式を生物同様徹底的に覚えるようにして、点数も取れるようになりました。ほかの科目とは違い、化学は各問題集の必要だと思った章だけ徹底してやるようにしました。

生物：一言で言うと「暗記」。これも必要？と疑うレベルの言葉や文章まで含めて暗記した方が、結果的に楽です。1冊に情報をまとめて、それを本番までに20周くらいすれば暗記分野での失点は割と抑えられるはず……です。勉強法を見失ったら塾の先生に相談すれば大丈夫！

国語と社会の勉強を振り返りましょう。

　　ここから先はエースメディカルみなとみらいのHPで購入者限定で公開しています。

資料編

私立31校・国公立50校の医学部の特徴をまとめました。本書ではサンプルで私立は北里大学、国公立では横浜市立大学を取り上げています。**本書購入者は、当校のホームページにて全大学のデータをご覧になれます。**

私立大学編　全31大学

東京・神奈川エリア
①北里大学　②杏林大学　③慶應義塾大学　④順天堂大学 ⑤昭和大学　⑥聖マリアンナ医科大学　⑦帝京大学　⑧東海大学 ⑨東京医科大学　⑩東京慈恵会医科大学　⑪東京女子医科大学 ⑫東邦大学　⑬日本大学　⑭日本医科大学　⑮国際医療福祉大学

北関東・東北・北陸エリア
⑯岩手医科大学　⑰自治医科大学　⑱獨協医科大学 ⑲埼玉医科大学　⑳金沢医科大学　㉑東北医科薬科大学

西エリアA
㉒愛知医科大学　㉓藤田医科大学

西エリアB
㉔大阪医科薬科大学　㉕川崎医科大学　㉖関西医科大学 ㉗近畿大学　㉘兵庫医科大学　㉙久留米大学　㉚産業医科大学 ㉛福岡大学

国公立大学編　全50大学

東京・神奈川エリア
①横浜市立大学　②東京医科歯科大学　③東京大学

その他関東・東北・北海道・北陸エリア
④旭川医科大学　⑤北海道大学　⑥弘前大学　⑦東北大学　⑧秋田大学　⑨山形大学　⑩筑波大学　⑪群馬大学　⑫防衛医科大学校 ⑬千葉大学　⑭新潟大学　⑮富山大学　⑯金沢大学　⑰福井大学 ⑱山梨大学　⑲信州大学　⑳札幌医科大学　㉑福島県立医科大学

西エリアA
㉒岐阜大学　㉓浜松医科大学　㉔名古屋大学　㉕三重大学

㉖滋賀医科大学　㉗京都大学　㉘大阪大学　㉙神戸大学
㉚鳥取大学　㉛岡山大学　㉜広島大学　㉝山口大学
㉞名古屋市立大学　㉟京都府立医科大学　㊱大阪公立大学
㊲奈良県立医科大学　㊳和歌山県立医科大学

西エリアB

㊴徳島大学　㊵香川大学　㊶愛媛大学　㊷高知大学　㊸九州大学
㊹佐賀大学　㊺長崎大学　㊻熊本大学　㊼大分大学　㊽宮崎大学
㊾鹿児島大学　㊿琉球大学

私立編　①北里大学

◎基本情報

所在地：　　　　神奈川県相模原市南区北里1－15－1
交通手段：　　　小田急線「相模大野」駅よりバス25分
主な付属病院：北里大学病院（24科・1033床）
　　　　　　　　北里大学東病院（22科・538床）
　　　　　　　　北里大学北里研究所病院（29科・294床）
　　　　　　　　北里大学北里研究所メディカルセンター病院
　　　　　　　　　　　　　　　　　　　　　（26科・372床）

◎大学特色

・相模大野病院は新病院に建て替え予定。
・教育は6年一貫で医師としての自覚を育てる。
・他学部と連携してチーム医療を重視したカリキュラム。

◎23-24 入試情報＋アルファ　　　　　　　緑文字は最新情報

●募集
・一般選抜　　　　　　　　　　　75人（相模原市修学資金生を含む）
・学校推薦型選抜（指定校）　　　35人
・地域枠指定校　　　　　　　　　16名（予定）
・学士入学（1年次9月編入）　若干名

●試験日程
・一般選抜　1次：1/26、2次：2/3 ～ 5（出願に選択）
・学校推薦型選抜（指定校）・**学士入学　11/19**

●試験会場
・一般選抜
　　1次：**パシフィコ横浜、本学（相模原キャンパス）**
　　2次：本学（相模原キャンパス）
・学校推薦型選抜（指定校）：本学（相模原キャンパス）

●試験科目
・一般選抜
　　1次：理科2科目100分（各100点）／数学80分（150点）／
　　　　英語70分（150点）
　　2次：論文90分（課題文型）＋面接（試験官3：受験生1）
・学校推薦型選抜（指定校）　調査書、一般学力テスト、面接

・Web出願　　　・補欠順位なし　　・共通テストなし
・推薦あり　　　・総合型なし　　　・後期なし
・地域枠あり

・学士入学が時期（23年度は11月）も試験内容（23年度は1次試験と2次試験）も変更。
　24年度は学校型推薦選抜試験（指定校）と同じ問題！

・地域枠実績（23年度）

山梨県	茨城県	神奈川県	埼玉県	新潟県
2名	4名	5名	2名	3名

指定校と地域枠指定校の併願は不可

・合格最低点（繰り上げ合格者）

2022年	298点	2019年	280点	2016年	290点
2021年	263点	2018年	282点	2015年	294点
2020年	256点	2017年	321点	2014年	336点

・受験者数

	受験者	1次合格者	2次合格者	繰上合格者
2022年	2070	494	139	187
2021年	1826	458	126	275
2020年	1902	475	129	106

・入学者内訳（2020年）

現役	1浪	2浪	3浪その他
67名	23名	15名	13名

・特待生として

第一種	学費全額免除（約4000万円）
第二種	約200万円

・問題を解くスピードを上げる対策が必要

・エースメディカルからの進学者は多い。エースが強い大学の一つ。授業をしっかり復習！

・修学資金生枠は十分に時間をかけて対策が必要（実績2名）→ポイントは枠の意義を理解すること（なぜこの制度があるのか？ 誰が主催しているのか？ どのような人物を、なぜ求めているのか？）

・入学者の約3分の1が推薦入試。地域枠の合格者は女子がとても多い（北里生談）。

・22年度の留年は2年進級時に11名、3年進級時に8名。進級時の進級判定は厳しめ（北里生談）。

国公立編　①横浜市立大学

◎基本情報

所在地：　〒236-0027　横浜市金沢区瀬戸22-2（5学部6学科）
TEL：　　045-787-2055
交通手段：京急「金沢八景駅」（1年次）、
　　　　　シーサイドライン「市大医学部駅」（2年次以降）
主な病院：附属病院（福浦）、附属市民総合医療センター（浦舟町）

◎23-24 入試情報＋アルファ　　　　　　緑文字は最新情報

●募集：前期（一般選抜）70人（予定）・推薦21人（予定）・バカロレア選抜2人・編入学0人・後期0人・総合型入試0人（予定：神奈川県指定診療科枠を3名に）

●日程　一般選抜：前期日程
　　　　共テ：2024年1月13日、14日
　　　　個別：2月25、26日
　　　　推薦型選抜（出願が11月1日～6日、2次試験は12月2日）
●試験科目
（一般選抜）
　◆共通テスト（1次試験）：5教科7科目型
　　（国200点80分、地歴・公民：世B、日B、地理B、現社、倫、
　　政経、倫政経→1：100点　60分、数学：数Ⅰ・数Aと、数
　　Ⅱ・数Bの計2：200点　70・60分、理科：物、化、生→2：
　　200点　各60分、外国語：英　300点　80分）
　◆個別試験（2次試験）
　　①数学：数Ⅰ・数Ⅱ・数Ⅲ、数A・数B（数列、ベクトル）：
　　　　　　400点　120分
　　②理科：物基・物、化基・化、生基・生→2：600点　180分
　　③外国語：コ英Ⅰ・コ英Ⅱ・コ英Ⅲ・英表Ⅰ・英表Ⅱ：400
　　　　　　点　90分
　　④小論文：与えられたテーマについて1000字程度に論述。
　　　　　　数段階評価　60分
　　⑤面接：個人面接　数段階評価
●2段階選抜
　共通テストの成績が原則として750点以上の者を約3倍で実施する。
●試験科目
（推薦型選抜）
　◆1次は書類審査（調査書・英検やTOEFLのスコア）、2次はMMI、
　3次は共通テスト

・一般選抜

志願228人 → 足きり → 1次合格200人 → 個別試験183人受験 →
73人合格（追加合格1人）→ 70人入学（辞退3人!）

・推薦型選抜

県内	志願28人 → 1次合格24人 → 2次試験24人受験 → 12人合格 → 12人全員入学
県外	志願28人 → 1次合格13人 → 2次試験13人受験 → 4人合格 → 4人全員入学

☆1次試験は英検のスコアよりTOEFLやTOEICのスコアの方が有利

・一般選抜と推薦にはそれぞれ ①一般枠、②地域医療枠（出身地縛りなし）、③神奈川県指定診療科枠（出身地縛りあり）がある。

・一般選抜の場合は順に（58人、9人、2人）、推薦の場合は①一般枠はない。県内高校では順に（10人、2人）と県外高校では（6人、1人）。

・各志望枠について志望順位・有無を大学所定の組み合わせパターンから選択して出願する。

・共通テストの英語はリーディング100点×2.4＋リスニング100点×0.6＝300点。

・**一般合格者の成績（面接・小論文は得点に加算しない）**

	配点	最低点	平均点
1次	1000	752.6	842.99（足きりボーダー）
	最終合格者平均は867.94（86.8%）		
2次	1400	928.4（66.3%）	
合計	2400	—	1685.8（70.2%）

・推薦型選抜のMMIは5回（各部屋ごとに志望理由を問う部屋、社会性を問う部屋、協調性を問う部屋、独創性を問う部屋、倫理性を問う部屋に分かれる）、各8分。面接官とは1対1。シナリオ（状況課題）が与えられるのは協調性、独創性、倫理性の3つ。

・英語は例年3問出題。合格者は各問ごとに52.6点、67.4点、54.1点。不合格者との差は第2問と3問で各約10点ついている。

・数学は例年4問出題。1番の問題は絶対に落とせない。合格者は1番は93.2%取っている。2番と3番で合格者は、不合格者より17点以上取っている。

・2025年入試では共通テストで「情報」が必須になる（50点）。合計点1000点は変わらない（社会を50点にする）。

・入学後、1年生の間は他大学に比べゆっくりとしたペースで進む。

・留年は2年次進級時で10人。

あとがき

命の話

　塾・予備校の講師を始めて四半世紀が過ぎました。そのなかで残念なことに亡くなってしまいもう会うことのできない教え子が数名います。そのうちの一人に関して今でも後悔している出来事をお聞きください。

Mさん（女子）のケース

　私が予備校講師として本格的に受験生を教え始めた2年目の年です。ある予備校で高校3年生の英語のクラス（15名ほど）を担当しました。ほとんどの生徒は高2のときからの持ち上がりで1年間ほぼ毎週顔を合わせていたので、信頼関係もでき上がっていました。とても明るくまとまったよいクラスでした。

　Mさんはとても人懐っこい生徒でした。素直過ぎるのか、思ったことをすぐ口にしてしまい（ときにはとげのある発言）、周囲から誤解されることもありました。しかし、それを補うほどの明るさですぐにクラスに馴染んでいました。授業後にはたいてい数名の女子と一緒に「先生しつもーん」と私をはじめいろいろな講師を呼び出し、ラウンジスペースで閉館まで補習や雑談をしていました。彼女と話すうち、小さいころに母が病死し父子家庭で育ち、今も父と二人暮らしであること、小学校のときはいじめにあっていたこと、近所のお年寄りと仲がよいこと、将来は看護師になって特にお年寄りに寄り添って仕事をしていきたいことなどを笑顔で話してくれていましたが、反面、寂しさを感じさせる表情も読み取れました。

　受験勉強も順調に進み、彼女も一生懸命に取り組んで学校の成

績も上昇していました。一学期末のテストでも好成績を収め、高校からも頑張りが認められて指定校推薦である大学の看護学部に進学が決まりました。秋に大学から「内定」の知らせを受け満面の笑みで報告に来てくれました。心の中には希望に満ちた将来があったに違いありません。

　彼女はその後も予備校に残れましたが「これから本格的に受験を迎えて頑張る仲間の邪魔になりたくない」と言って、残った数回分の授業を放棄して10月末で退会しました。

　時は進み、この学年の生徒も大学1年になった夏のことです。私は夏期講習に追われ、睡眠時間もあまり取れない時期でした。そんななかのある日、休み時間に生徒の質問対応をしていると、卒業生のMさんから電話が来ていると事務さんから呼び出されました。何事だろうかと訝って電話にでると、Mさんが電話口にいました。「ほら、あのさ、先生、TOEICとか英検とかの対策やってくれない？」が一言目でした。この時期の私は先に書いた通り、朝から晩まで授業をしていて、その合間に入試問題の研究という状態でした。いっぱいいっぱいになっていました。その状態で挨拶もなくそのような発言をしてきたMさんに、懐かしさよりも先に腹が立ち「なんで？　いま夏期講習ですごく忙しいから。一段落してからではダメ？」と強い口調で答えました。Mさんは「だって、私、秋に塾やめちゃったじゃん。そのあとの授業出る権利あったのに出なかったんだから、補習してよ」と畳みかけてきました。私はその無茶苦茶な理屈にさらに腹が立ちましたが、「勉強のやり方だけでもいいから」と言われ、結局、数日後に1時間だけ補習することにしました。

　そして当日、筆記用具すら持ってこない彼女に呆れながら、簡単なプリントを解いて、近況報告も聞かずに補習の授業のみを淡々と終わらせました。彼女は私の圧を感じたのか補習中はあまり笑顔を見せなかった気がします。私としては、その後3〜4回補習するつもりだったので、とりあえず初回はこの雰囲気で終わ

らせ、次回以降で大学の様子などを聞こうと思っていました。次回の予定を合わせようと、都合のつく日を聞くと「先生これ」と言ってポーチから封筒を取り出しました。

「何？」

「無理に補習してもらったから。商品券」

　それを言われて立腹を超えてしまい「そんなつもりで補習してんじゃない」と言って、封筒を受け取らず「また、続きやるから電話して」と吐き捨てて自分の席に戻りました。

　それが彼女を見た最後でした。いや、顔は見ていない気がします。強い口調で吐き捨ててその場を去ったのですから。

　1週間ほどして、卒業生の女子から電話がありました。電話口で泣き声でいきなり「先生、Mさんが自殺しちゃった」。にわかに信じられず、頭が真っ白になりました。しばらく無言が続き、涙が出てきました。話の中身は進学先の大学で「生意気だ」ということで仲間外れにされ始め、暴言、陰口が続き、最終的には完全に無視されていたということです。せっかく人の役に立つ仕事をしたいと思って同じ志の人と仲良くなれると思っていたのに、と悩んでいたと聞きました。それだけが自殺の理由ではないかもしれません。しかし私が後悔しているのは、彼女のSOSをうまくキャッチできなかったことです。

　彼女が電話してきたときの異変に気がつかなかった。彼女なりに私に会って話をするための口実を必死に探した結果、TOEICや英検と結びつけたのでしょう。そんな理屈などいらないのに。接点を見つけなければ会いに来ることもできないほど、人に対し警戒心というか恐怖心を持っていたのではないでしょうか。どんなにつらかったことでしょう。それをわかってあげられなかった。そして最後に彼女に対してとった私の態度はひど過ぎるものです。まだ未成年であって、悩みを抱えていた人間に大人が取る態度ではない。このことで私は落ち込みました。

　予備校講師になったころ大手予備校の教務担当から「予備校の

講師は素晴らしい授業だけをすればよい。給料はどれだけ生徒を満足させたかで決まるのだから」と言われてきました。しかし、それだけではダメなんだという気持ちがわきあがりました。もっと生徒を見なければ。「そんなことは学校の先生がやればいい」という意見も聞かれます。しかし、学校の先生も、予備校や塾の先生も、ご家庭のご両親やご近所さんも、バイト先の人も、いろいろな大人が関わればいいじゃないですか。

そして、講師は生徒に共感し、しっかりと一人ひとりの生徒の心の中を見つめないといけないという気持ちがわきあがりました。

子供たちは家族においても社会において宝物です。その大切な子供たち一人ひとりに真摯に向かい合い教育するということはとても意義のあることだと思います。そして子供たちを家族、地域、塾、学校といった周りの大人たちが愛情を持って皆でサポートする。私たちは、エースメディカルという限られた受験予備校のなかですが、将来医師になり、弱者に寄り添って社会貢献できる人間を一人でも多く育てたいと思っています。

〈著者紹介〉

峰岸 敏之（みねぎし としゆき）

早稲田大学卒業後、産経新聞社に入社。新聞記者としてリクルート事件、オウム真理教の事件などを経験。フリーランスとなるが早稲田大学大学院に戻り法学修士号を取得。その後、予備校講師に転向し高校生、高卒生を指導（河合塾・城南予備校・ステップ・栄光ゼミナールなど）、人気講師となり独立。「一年で合格」を合言葉に医学部専門予備校・エースメディカルみなとみらいを横浜で開校（2013年）。25年以上にわたり受験生に寄り添った熱血指導を続けている。

E判定から勝つ　医学部受験

2024年1月30日　第1刷発行

著　者　　　峰岸敏之
発行人　　　久保田貴幸

発行元　　　株式会社 幻冬舎メディアコンサルティング
　　　　　　〒151-0051　東京都渋谷区千駄ヶ谷4-9-7
　　　　　　電話　03-5411-6440〔編集〕

発売元　　　株式会社 幻冬舎
　　　　　　〒151-0051　東京都渋谷区千駄ヶ谷4-9-7
　　　　　　電話　03-5411-6222〔営業〕

印刷・製本　中央精版印刷株式会社
装　丁　　　立石愛

検印廃止
©TOSHIYUKI MINEGISHI, GENTOSHA MEDIA CONSULTING 2024
Printed in Japan
ISBN 978-4-344-94594-4 C0095
幻冬舎メディアコンサルティングＨＰ
https://www.gentosha-mc.com/